GTB
Gütersloher Taschenbücher
1425

Pinchas Lapide

PAULUS –
zwischen Damaskus und
Qumran

Fehldeutungen und Übersetzungsfehler

Gütersloher Verlagshaus
Gerd Mohn

Originalausgabe

Die Deutsche Bibliothek – CIP-Einheitsaufnahme

Lapide, Pinchas
Paulus – zwischen Damaskus und Qumran:
Fehldeutungen und Übersetzungsfehler/Pinchas Lapide. –
Gütersloh: Gütersloher Verl.-Haus Mohn, 1993
(Gütersloher Taschenbücher; 1425)
ISBN 3-579-01425-0
NE: GT

ISBN 3-579-01425-0
2. Auflage (11.–20. Tsd.), 1993
© Gütersloher Verlagshaus Gerd Mohn, Gütersloh 1993

Das Werk einschließlich aller seiner Teile ist urheberrechtlich geschützt.
Jede Verwertung außerhalb der engen Grenzen des Urheberrechtsgesetzes
ist ohne Zustimmung des Verlages unzulässig und strafbar.
Das gilt insbesondere für Vervielfältigungen, Übersetzungen,
Mikroverfilmungen und die Einspeicherung und Verarbeitung
in elektronischen Systemen.

Umschlaggestaltung: Dieter Rehder, B-Kelmis, unter Verwendung
einer Abb. © Bildarchiv Preußischer Kulturbesitz Berlin 1992
Gesamtherstellung: Clausen & Bosse, Leck
Gedruckt auf chlorfrei gebleichtem Werkdruckpapier
Printed in Germany

Inhalt

I. Brief an Paulus von Tarsus 7

II. Paulus und Jesus: Hat Paulus Jesus richtig verstanden? 17

III. Paulus und die Torah: Ist das Gesetz »heilig« oder »die Kraft der Sünde«? 27

IV. Paulus und sein Volk: Sind die Juden »Kinder der Verheißung oder »allen Menschen feind«? 38

V. Fehldeutungen und Übersetzungsfehler – bei Paulus selbst und bei seinen Auslegern 49
   1. *Sind Übersetzungsfehler heilig?* 49
   2. *Die »Feinde Gottes«* 53
   3. *Ist Israel »gestrauchelt« oder »gefallen«?* ... 55
   4. *Schuld der Septuaginta?* 55
   5. *Der »Same Abrahams«* 57
   6. *Sind Märtyrer verflucht?* 58
   7. *Israeliten, die nicht von Israel sind?* 59
   8. *Ist Israel verworfen?* 60

VI. »Prüfet alles« – auch die Fehler! 63
   1. *Vom »Fluch des Gesetzes«* 63
   2. *Wer hat wen verstockt?* 67
   3. *Rechtfertigung – allein aus dem Glauben?* ... 70
   4. *Sola fide – Paulus oder Luther?* 74
   5. *Hat Israel versagt?* 77
   6. *Vom Gärtner Paulus und seiner Baumschule* .. 78
   7. *Das Vermächtnis des Paulus* 81
   8. *Kadavergehorsam gegenüber dem Staat?* ... 83
   9. *»Das Weib schweige in der Kirche!«* 86
  10. *Drei Decken der Überheblichkeit* 88
  11. *Von Götzenopferfleisch und Gemüse-Essern* .. 92

VII. »Die Milch-Diät«: des Paulus Heidenpädagogik . . 95

VIII. Paulus und Qumran 104
    1. Das Rollen-Drama vom Toten Meer 104
    2. Damaskus in der Wüste? 118
    3. »Arabien« am Toten Meer? 123
    4. Was geschah vor Damaskus in der Wüste? . . . 124

IX. Prolog für übermorgen: Unterwegs zu einer Theologie des Dialogs 127

Nachwort 129

I. Brief an Paulus von Tarsus

Lieber Paulus,
gestern sprach ich mit einem Gastsassen – heute nennt man sie Gastarbeiter – aus Deiner Vaterstadt Tarsus, die jetzt zu einem Land gehört, das man die Türkei benennt. Ich muß Dir berichten, daß Deine Stadt an sich so gut wie bedeutungslos geworden ist. Allerdings steht und fällt sie mit der touristischen Vermarktung des Gedenkens an Dich! Es gibt jetzt traumhafte Reisemöglichkeiten, nicht nur mit den Dir vertrauten Reittieren und Kutschen, sondern auch mit Dampfmaschinen und Luftschiffen. Si habuisses ... Wenn Du nur die Hälfte dieser Verkehrsmittel zur Verfügung gehabt hättest, wen hättest Du nicht alles für den Gott Israels missioniert?! Auf diesem Gebiet gibt es auch heute noch eine Menge Aktivisten im christlichen Lager. Aber das Missionsgeschäft steckt in einer schweren Krise. Jahrhundertelang haben sie – auch in Deinem Namen – mit Feuer und Schwert bekehrt, heutzutage aber haben Götzen aller Art wieder die Oberhand gewonnen.

Und dennoch: In jeder Stadt des Abendlandes gibt es Gebets-Paläste, die man »Kathedralen« nennt. Sehr oft tragen sie Deinen Namen. Und jetzt höre und staune: Heilig haben sie Dich gesprochen! Aber die größte Überraschung blüht Dir noch. Vielerorts hat man Dich und Deinen Erzkonkurrenten Petrus, den alten Fischermann, zusammengekoppelt und die Kathedrale dann auf St. Peter und St. Paul getauft! Leider aber kann man nicht behaupten, daß diese Bethäuser (ganz wie unsere Synagogen) von Betern überlaufen sind, obwohl die Innenausstattung auf hohem künstlerischen Niveau steht. Es wimmelt nur so von Statuen und Gemälden von Dir, obwohl Du und ich wissen, daß »Du Dir kein Bildnis machen sollst«, wie es in den »Zehn Geboten« heißt.

Diese »Zehn Gebote« sind so ungefähr das einzige, was allen Hunderten von christlichen Konfessionen im Prinzip gemeinsam geblieben ist. Gepredigt wird in den Kirchen häufig unter Bezugnahme auf Dich, wobei es so manchem Pfarrer ergeht

wie Dir in Troas, als Eutychos während Deiner Predigt einge-
schlafen ist. Allerdings gab es seither erfreulicherweise keinen
Fall mehr, wo einer wie er dabei zum Fenster herunterfiel und
»seinen Tod fand« (Apg 20,9–11). Welch ein Glück! Denn etliche der heutigen Pfarrer tun sich mit langweiligen Predigten
oft leicht; aber die Wiederbelebung von Toten will ihnen nicht
so recht gelingen – wie Dir damals bei Eutychos.

Von all Deinen vielen Reisen hat Dein Besuch in Korinth
wohl die schwerwiegendsten Folgen für alle christlichen
Frauen. Die Männer beziehen sich nämlich mit Genugtuung
auf Deinen Aufschrei: »Das Weib schweige in der Kirche!«
(1 Kor 14,34) Ich bin der Meinung, daß Du nie die Absicht hattest – wegen Deines Ärgers mit ein paar Frauen in Korinth –,
für alle Orte und Zeiten den Frauen das Wort in der Kirche zu
verbieten. Doch da hast Du es! So ergeht es einem, wenn man
als Heiliger ständig beim Wort genommen wird.

Nicht viel hat gefehlt, und man hätte Deinen Mantel und die
paar Bücher, die Du in Troas vergessen hast (2 Tim 4,13), zu
heiligen Reliquien erklärt und ihnen einen Schrein gebaut.
Doch trotz Deiner Popularität bist und bleibst Du eine der
mißverstandensten Gestalten des Neuen Testaments. Dieses ist
noch obendrein häufig falsch übersetzt worden. Ich habe
festgestellt, daß es sich dabei teils um fehlerhafte Übertra-
gungen Deiner oft markigen Aussprüche handelt, aber genauso oft auch um »Hinein-Lesungen« in den Text von seiten etlicher Christen, die eigentlich »Paulinisten« heißen sollten. Im
übrigen hast Du ja nie auf Deinen schönen Königsnamen
SCHAUL verzichtet, sondern Dir lediglich den Parallelnamen
Paulus für Deine Reisen in der Heidenwelt zugelegt. Ähnlich
verfahren viele fromme Juden bis auf den heutigen Tag. Trau-
rig stimmt mich aber das deutsche Sprichwort: »EIN SAULUS
WURDE ZU PAULUS« – will sagen: Ein Verbrecher wurde
anständig! Das hast Du wirklich nicht verdient!

Laß uns zu Deinem Damaskuserlebnis kommen. Alle Welt
spricht von Deiner angeblichen dortigen *Bekehrung*. Ich aber
frage Dich: Von wo und wohin soll diese Bekehrung eigentlich
stattgefunden haben? Wo doch das Wort »Bekehrung« im Zu-

sammenhang mit Deinem Erlebnis überhaupt nicht vorkommt? Mehr noch: Du verwendest diesen Ausdruck in *keinem* Deiner Briefe, was für mich Bände spricht! Was also geschah dort auf der Straße nach Damaskus? Du sagst ja selbst, Gott habe Dich »durch seine Gnade *berufen* und Dir eine Mission an die Heiden gegeben« (Gal 1,15–16).

An Deinem gläubigen Judesein hat also diese *Berufung* nicht das geringste geändert, auch wenn Du Jesus von Nazareth für den Messias Israels gehalten hast! Schließlich glaubte ja auch der große Rabbi Akiba um das Jahr 133, daß ein gewisser Bar-Kochba der Messias Israels sei. Bar-Kochba ist leider auch gescheitert, und Rabbi Akiba, der sich also geirrt hatte, wurde genau wie Du von den Römern zu Tode gefoltert. Als großer Jude und Lehrer gilt er bis auf den heutigen Tag. Zwischen Akiba und Dir bestehen allerdings erhebliche theologische Differenzen, die Du vielleicht im Laufe der Jahrhunderte im Jenseits mit ihm persönlich durchdebattieren konntest. So hast Du z. B. Deinen Messias auch als »Sohn Gottes« verkündigt, was Akiba mit Bar-Kochba nie getan hat. Es stimmt doch, daß Du den »Sohn Gottes« in der *hebräischen* Bedeutung im Sinne hattest, wie Du es bei Deinem Lehrer Rabban Gamaliel gelernt hast? Damit hast Du keinen Verstoß gegen das Judentum begangen, da ja dieser Begriff jemanden bezeichnet, der makellos in den Wegen der Torah wandelt. Genauso hat es auch Rabbi Jesus in seiner Bergpredigt ausgedrückt (Mt 5,45). Erst als dieser Begriff ins Griechische übertragen wurde, bekam er den im heutigen Christentum geläufigen, ganz anderen Sinn. Wie Du merkst, habe ich mich ganz intensiv mit Dir und Deinem Werk befaßt.

Streitbar und umstritten warst Du ja zeitlebens, wie wir aus Deinen Briefen leicht entnehmen können, wo Du Deine diversen Gegner ganz wüst und unheilig beschimpfst: als »Tempelräuber und Ehebrecher« (Röm 2,22f.), als »Zerschnittene und Kastraten« (Gal 5,12), als »Lügner« (1 Tim 1,10) und manches andere mehr. Ich verteidige Dich, so gut es geht, indem ich diese Wutausbrüche Deinem orientalischen Temperament und Deinem Missionseifer zuschreibe. Besonders fasziniert mich

Dein Dauerzwist mit Deinem Kollegen Simon Kepha, der nun als Petrus ebenfalls weltberühmt ist und genau wie Du als »heilig« verehrt wird. Ich will Dich nicht aufregen, aber mir scheint, daß er es noch ein Stückchen weitergebracht hat als Du, indem er und seine Nachfolger zu Stellvertretern Eures Rabbis für alle Zeiten ernannt wurden.

Weit gebracht habt Ihr zwei Juden es jedenfalls! Mir ist es klar, daß Du in der Debatte mit der Urgemeinde im Hintertreffen bleiben mußtest, weil Du den irdischen Jesus selbst persönlich nie gekannt hast. Die anderen aber zogen mit ihm jahrelang durch das Land und konnten seine Lehren mehr oder weniger auswendig zitieren. Ist es denkbar, lieber Paulus, daß Du deshalb den nachösterlichen Jesus so häufig hervorhebst und dem irdischen bzw. historischen Jesus nur die zweite Geige überläßt? Über anderthalb Jahrtausende ging die Kirche diesbezüglich in Deinen Fußstapfen und entdeckt erst jetzt wieder den irdischen Rabbi Jesus, der ja als Jude geboren, beschnitten und erzogen wurde und zeit seines Lebens dem Glauben seiner Väter die Treue hielt, bis er für sein Volk und seinen Glauben von den Römern ans Kreuz geschlagen wurde.

Wir lesen im Neuen Testament, daß Du auf all Deinen Reisen immer zunächst in die Synagogen vor Ort gingst und danach zu den »Gottesfürchtigen«. Du wirst entsetzt sein zu erfahren, daß man heute kaum mehr weiß, *wer* diese Leute waren. Aus unserer jüdischen Überlieferung kennen wir sie aber recht gut als Menschen, die schon zu Deiner Zeit im ganzen Mittelmeerraum dem Götzendienst abgeschworen hatten, unterwegs zum Judentum waren und die »Sieben Noachidischen Grundgebote« bereits auf sich genommen hatten. Nur ein einziges Mal gingst Du aber, nämlich in Athen, zu Vollheiden, um ihnen zu predigen. Im Vertrauen gesagt: Ich werde es nicht weitererzählen, daß Du dort nur sehr geringen Erfolg hattest (Apg 17,16ff.). Können wir also davon ausgehen, daß Dein Anliegen eigentlich die Verbreitung einer Art von Reformjudentum – mit Jesus als Messias – war? Jesus selbst, wie Du sicher weißt, wollte ja nie, bis auf wenige Ausnahmen, zu den Heiden gehen (Mt 15,24) und war ein ausgesprochener Torah-Verschärfer.

Apropos, hast Du je die hebräische Urschrift der Evangelien gesehen? Uns sind leider nur spätere griechische Übersetzungen erhalten geblieben, die zwischen den Jahren 70 und 100 niedergeschrieben wurden, also lange nach Deinem Tod. Ich plage mich seit geraumer Zeit sehr, mehrere grobe Übersetzungsfehler aufzuklären, die im Laufe der Jahrhunderte zu bösen Vorurteilen, ja sogar zu Verfolgungen von seiten der Christen gegen Deine und meine Brüder und Schwestern geführt haben. Demnächst werde ich Dir über drei Dutzend Beispiele dieser Art unterbreiten.

Zurück zu Deiner *Sendung* im Mittelmeerraum. Erstens: Ohne das *kleine* JA zu Jesus als Messias von etlichen Tausenden von Juden, die ihn begeistert annahmen, einerseits und ohne das *große* NEIN der meisten Juden andererseits, die ihn zwar als Lehrer, als Prophet oder als Rabbi liebten und schätzten, ihn aber nicht als Messias in einer so unerlösten Welt anerkennen konnten, wärst Du wohl nie auf Deine Missionsreisen in die halbe Welt gegangen. Oder irre ich da? Oder wärst Du auf jeden Fall gegangen, da zwischen Dir und der Jerusalemer Urgemeinde unter der Führung von Petrus und Jakobus die Spannungen doch recht unerträglich geworden waren? Zweitens: Die große Katastrophe der Zerstörung Jerusalems und die Vertreibung der Juden durch die Römer geschah im Jahre 70 nach neuer Zeitrechnung lange nach Deinem Ableben. Da konnte man keinen jüdischen Messias am Römerkreuz mehr im römischen Weltreich verkündigen.

Da bekanntlich in jenen Kriegswirren auch die Jerusalemer Urgemeinde verschollen ist, wurde der Mittelmeerraum allmählich ein heidenchristliches Gebiet. Hast Du Dir das so vorgestellt? In der Rückschau darf man annehmen, daß ohne die Zerstörung Jerusalems dieselben Heiden zu Judenchristen oder zu halbjüdischen Jesuanern geworden wären. Fest steht, daß zu Jesu Lebzeiten seine ganze Bewegung innerjüdisch und torahtreu war und geblieben ist.

Das Heidenchristentum aber hat sich inzwischen vom jüdischen Glauben Jesu abgesetzt, hat eine Menge von Heiden in aller Welt missioniert, sich selbständig gemacht und unter dem

Namen »Christentum« die halbe Welt erobert. Nicht wenige dieser Christen hegten im Laufe der Jahrhunderte eine ganz unbiblische Schadenfreude über die Zerstörung Jerusalems, die sie als Strafe Gottes für die jüdische »Ablehnung« Jesu deuten wollten. Könntest Du da nicht einmal mit einem großen Donner dazwischenfahren und daran erinnern, daß alle Propheten Israel gerügt und gemahnt und mit Tempelzerstörung gedroht hatten – aus Sorge und Kummer wegen seiner gelegentlichen Sünden? Dieselben Propheten – Jesus und auch Du – betonen aber immer wieder auch die ungekündigten Gnadenbünde desselben Gottes mit demselben Volke Israel, was von besagten Christen gerne unter den theologischen Teppich gekehrt wird!

Zu einem anderen Thema, lieber Paulus! Jahrhundertelang hat man Dich im Judentum verketzert oder totgeschwiegen, während Christen alles dazu taten, um Dich – der Du Dich als »Jude« (Apg 22,3), als »Hebräer« (Apg 26,5) und als »Pharisäer« (2 Kor 11,22) zu erkennen gabst – Deinem Volke zu entfremden! Genauso haben sie es ja auch mit Jesus von Nazareth getan. Erst in unseren Tagen kommt es zu »Heimholungsversuchen« des Nazareners, der meiner Meinung nach nie fortgegangen war, in sein Judentum. Ebenso beginnt ein keimendes Verstehen unter Juden für Deine oft widersprüchlichen Anliegen. Das fällt heutzutage leichter, weil es jetzt einerseits wieder einen Judenstaat gibt und eine weltweite Diaspora andererseits – ganz wie in Deinen Tagen. Schade, daß Du die großen jüdischen Reformsynagogen in Amerika nicht besuchen kannst; ich glaube, Du würdest Dich dort ganz zu Hause fühlen. Doch damit kein Mißverständnis zwischen uns aufkommt: Juden sind sie allemal geblieben, und an eine Vermischung von Judentum und Christentum denkt kein Mensch in beiden Lagern.

Ein Riesenhuhn hätte ich jedenfalls noch mit Dir zu rupfen: Deine sehr zwiespältige Einstellung zur Torah, die Du einerseits als »heilig und gerecht und gut« bis in den Himmel lobst (Röm 7,12), aber andererseits als »zur Sünde führend« (Röm 7,13) bezeichnest – und dann vom »Fluch des Gesetzes« (Gal 3,13) sprechen kannst. Zu guter Letzt aber beteuerst Du mit Nachdruck: »Heben wir durch den Glauben das Gesetz auf? Keineswegs, wir bringen das Gesetz zur Geltung!« (Röm 3,31) Hast Du geahnt, mein lieber Benjaminite, daß die Christenheit, sich auf Dich beziehend, fast alle Gebote der Torah als nicht mehr gültig erklären würde? Diese Deine Zerrissenheit haben Juden nie verstehen können. Es sei denn, wie ich erwäge, daß Du beim Lob in der Tat die *Torah insgesamt* meintest, während Du bei der Abwertung des »Gesetzes«, wie Du es auf griechisch nennst, an *etliche Auslegungen* Deiner rabbinischen Kollegen dachtest, mit denen Du im Clinch warst. Diesen Fragen will ich demnächst nachgehen. Rabbinenstreit um der Auslegung willen übrigens gibt es bis auf den heutigen Tag in Hülle und Fülle; das Pech ist aber, daß Deine Schimpfworte von den Christen falsch verstanden, verabsolutiert und dann noch heiliggesprochen worden sind! Fest steht jedenfalls, daß Du den *Glauben Jesu* in einen *Glauben an Jesus* umfunktioniert hast. Hier, mein lieber Freund, ist vielleicht des Pudels Kern, der zum Auseinandergehen der Wege führen mußte!

Doch jetzt kommen wir zur Gretchenfrage: Wie hältst Du's mit den Frauen? Zu Antijudaismus, nämlich in gewissen feministischen Kreisen heute, hat Deine seltsame Einstellung zu den Töchtern Evas geführt. Wie konntest Du behaupten, daß die Frau »lediglich ein Abglanz des Mannes sei« (1 Kor 11,7) und daß »die Frauen sich unterordnen sollen« (1 Kor 14,34)? Weiterhin empfiehlst Du, »daß ein Mann keine Frau berühre« (1 Kor 7,1) und daß er »am besten nicht heirate« (1 Kor 7,7). Das ist längst nicht alles Negative, was Du über das »schwächere Geschlecht«, wie Du es nennst, zu sagen hast. Wärst Du so lieb, den Feministinnen, die uns Juden all diese Aussagen in die Schuhe schieben, vielleicht in einer kleinen Vision zum Beispiel klarzustellen, daß all dies *Dein eigenes Sondergut* ist, das keineswegs der Torah oder der rabbinischen Lehrmeinung entspringt.

Viel Kopfzerbrechen hat mir und anderen Dein Rat im Römerbrief (13,1–5) gemacht, blindlings *jeder* Obrigkeit untertan zu sein, da »sie von Gott komme«. Du kannst doch nicht gemeint haben, daß z. B. Polen sich nicht vom russischen Joch befreien dürfe oder daß man gegen Hitler keinen Widerstand hätte lei-

13

sten sollen? Und was soll für die Befreiungstheologen Leonardo Boff, die Brüder Cardenale und viele andere in Lateinamerika gelten, die alle fromme Christen sind? Ich versuche Dich zu verstehen: Du hast für einen bestimmten Ort zu einer bestimmten Zeit geschrieben, nämlich für die junge, schwache Gemeinde in Rom zu Deinen Lebzeiten, die noch viel zu klein und unorganisiert war, um Widerstand gegen das Weltreich zu wagen. Du warst doch viel zu klug, um einen solch spezifischen Ratschlag für alle Orte und alle Zeiten verewigen zu wollen! Genau das aber hat die Kirche später mit diesen und Deinen anderen Worten getan.

Nach dieser Schelte laß mich nun gleich ein Bündel von Lanzen für Dich brechen. Was ich und viele andere mit mir Dir hoch anrechnen, ist, daß Du in Deinem letzten Brief, den man wohl als Dein Vermächtnis erachten darf, in Kapiteln 9–11 des Römerbriefes also, eindeutig festhältst, daß »alle Bündnisse« Gottes natürlich dem Volk Israel für immer gehören (Röm 9,4–5) und daß Gott sein Bundesvolk niemals »verstoßen noch verworfen hat« (Röm 11,1). Und nicht zuletzt, daß Gottes Berufung und Verheißungen an ganz Israel »unwiderruflich und unbereubar« sind und bleiben (Röm 11,29).

Obwohl der Rabbi von Nazareth viel mehr verstand von Akkerbau und Botanik als Du, der Du ja ein Stadtmensch warst, dessen Gleichnisse von Großstadtbildern wimmeln, gefällt mir immer wieder Dein mahnendes Gleichnis vom Baum und den Wurzeln: »Nicht Du trägst die Wurzel«, so schärfst Du den Heidenchristen ein, »sondern die Wurzel (Israel) trägt Dich« (Röm 11,18). Ein Glück, lieber Rabbi von Tarsus, daß Du zwar vor Heiden kaum je gepredigt hast, dafür aber so wichtige Aussagen ihnen ins Stammbuch schriebst.

Was immer man Dir auch vorwerfen mag, bleibt es Dein unsterbliches Verdienst, daß Du – und später viele andere in Deinem Namen – die Botschaft vom Gott Israels in alle Ecken der Welt verbreitet hast. Wer weiß, ob ohne Deinen gewaltigen Einsatz die Leute hierzulande nicht heute noch dem Wotan und der Freya Pferdeopfer auf der Godesburg darbringen würden?

Lieber Paulus, der Brief wird bald zu lang. Dies war ja nur ein Gabelbissen aus dem Menü von Themen und Fragen, die ich liebend gern mit Dir erörtern möchte. Brennend interessiert mich auch folgender Fragenkatalog:

– Wie viele Christologen kanntest Du? Und welche davon würdest Du der heutigen Christenheit (als einigendes Band in ihrer Gespaltenheit) empfehlen?
– Was trieb Dich eigentlich »nach Arabien« (Gal 1,17), das ja zu Deiner Zeit eine fast unbewohnte Einöde war? Nach Rekonstruktion Deiner Missions- und Studienreise glaube ich, diesem Reiseziel und Deinem Anliegen dort auf die Spur gekommen zu sein.
– Was meinst Du mit Deinem »Stachel im Fleisch« (2 Kor 12,7), den Du »des Satans Engel« benennst (2 Kor 12,7)? Ich mache mir da so meine Gedanken ...
– Warum hast Du Deinen Gehilfen Timotheus beschnitten (Apg 16,3), wo Du doch den Galatern verkündigst, daß »in Jesus weder Beschneidung noch Unbeschnittenheit etwas gelten« (Gal 5,6)? Hier ist ein Widerspruch, und außerdem muß ich Dir mitteilen, daß dieses Ereignis im Leben Jesu so wichtig für das ganze Abendland geworden ist, daß man das Neujahrsfest überall am 1. Januar feiert, nämlich am Tag seiner Beschneidung. Wohlgemerkt, nicht sein Geburtstag, der 24. Dezember, wurde also zum Tag der Jahreswende aller Christen.
– »Grüßet den Andronikus und den Junias, meine Stammverwandten ... welche berühmte Apostel sind und vor mir in Christus waren.« So schreibst Du im Römerbrief (16,7). Ich habe recherchiert und festgestellt, daß es im Griechischen keinen Männernamen *Junias* gibt, wohl aber einen Frauennamen *Junia*. Ist es denkbar, daß die spätere Männerkirche dieser *Apostolin* ein *S* angehängt hat, um sie zu vermännlichen? Meine Fragen: Waren Andronikus und Junia etwa gar ein apostolisches Ehepaar? Ferner: Gab es eventuell noch mehr *Apostolinnen*?
– Wie kommt es, daß weder der als Verräter verleumdete

Judas noch der angebliche Prozeß Jesu vor dem Hohen Rat bei Dir auch nur mit einem Sterbenswörtchen Erwähnung finden? Hast Du nichts davon gehört? In Anbetracht der schwerwiegenden Folgen, die der »Verrat« und der »Prozeß vor dem Synhedrion« bis heute zeitigen, finde ich Dein Schweigen sehr beredt!

– Gehe ich richtig in der Annahme, daß Du häufigen Gedankenaustausch mit damaligen jüdischen Proto-Kabbalisten pflegtest? Die mystische Tendenz in etlichen Deiner Briefe legt diese Vermutung nahe.

Der Fragen ist kein Ende, wie Du siehst – *an Dich* und *über Dich*. Daher widme ich Dir dieses Buch. Wie gefällt Dir der Titel: *Paulus – zwischen Damaskus und Qumran?* Das erste Exemplar werde ich Dir, Deo volente, per Apostelpost nach Tarsus senden. Ein zweites »Paulus-Buch« habe ich in Arbeit.

Da der Rabbi von Nazareth schon empfohlen hat: »Die Wahrheit macht Euch frei«, habe ich mir erlaubt, lieber Paulus, Deine himmlische Ruhe mit meiner Wißbegierde zu stören. Ich glaube, mich da in sehr guter Gesellschaft zu befinden, denn bereits im zweiten Petrusbrief des Neuen Testaments wird geklagt, daß »so manches in den Briefen des Paulus schwer verständlich sei« (2 Petr 3,16).

In herzlicher Verbundenheit
und mit brüderlichem Schalom
grüßt Dich
Dein Pinchas

II. Paulus und Jesus: Hat Paulus Jesus richtig verstanden?

Hat Paulus Jesus von Nazareth persönlich gekannt? Nur in einer einzigen Stelle äußert sich Paulus dazu. In 2 Kor 5,16 streitet er mit Gegnern seines Apostolats-Anspruchs, die sich auf ihre Vertrautheit mit dem irdischen Jesus berufen. Ihnen sagt Paulus: »Wenn wir auch Christus nach dem Fleisch gekannt haben, so kennen wir ihn jetzt nicht mehr.« Grammatikalisch kann es sich hier auf Griechisch um einen realen oder irrealen Konditionalsatz handeln, so daß auch übersetzt werden kann: »Wenn wir Christus auch dem Fleisch nach gekannt *hätten* ...« Dem Satz ist also nicht zu entnehmen, ob Paulus selbst jemals Jesus kennengelernt hat oder nicht – wohl aber, daß das bloß interessehafte Kennen des irdischen Menschen Jesus für Paulus irrelevant ist. (Von hier stammt die Vorliebe des späteren Christentums für Abstraktionen, Theorien, Transzendenz und wissenschaftliche Dogmatik – häufig zu ungunsten handfester Tatsächlichkeiten und irdischer Faktizität.)

Fest steht jedenfalls, daß Paulus in der Debatte mit der Urgemeinde im Hintertreffen bleiben mußte – da es für die Jünger ganz klar war, daß er den irdischen Jesus nie gekannt hatte. Die anderen aber – insbesondere der Zwölferkreis – zogen mit Jesus jahrelang durch das ganze Land und konnten seine Lehren so gut wie auswendig zitieren. Vielen Paulusforschern leuchtet es daher ein, daß Paulus deshalb den nachösterlichen »Christus« so häufig hervorhebt und den irdischen Nazarener nur die zweite Geige spielen läßt.

Man könnte unschwer eine Liste der Gegensätze zwischen Jesus und Paulus herausarbeiten, die wie eine auf die Spitze getriebene Kontrastharmonie anmuten würde. Jesus war auf Erden ein »Dörfler«, dem Erdboden nahe, und sprach in der Sprache von Hirten, Fischern und Bauern. Paulus hingegen war ein Stadtmensch, der keine Ahnung von Botanik und Landwirtschaft hatte – obwohl sein wichtigstes Gleichnis von

17

zwei Ölbäumen handelt, aber sogar da merkt man seine Unkenntnis der Natur! Er drückte sich in der Sprache der Großstädter aus, wobei der Wettlauf und der Ringkampf, der Militärdienst, das Theater und die Schiffahrt seine wichtigsten Gleichnisse beseelten.

Der Sämann und die Saat, der Feigenbaum und die Winzer, die Schafe und die Hirten, sie gehörten zu den Grundsteinen der Parabelkunst des Nazareners. Paulus, das Stadtkind, hingegen war mit dem Finanzwesen und der Wirtschaft vertraut, die auch seine theologische Terminologie färbten und prägten. So z. B. »verkauft« Gott – laut Paulus – die Menschen an die Sünde (Röm 7,14), worauf er sie dann später »gegen Barmherzigkeit zurückkauft« (1 Kor 6,20). Der Paulinische Gott »stempelt« Sünder zu Sklaven ab (2 Kor 1,22). Ferner »schreibt er die geschuldete Summe gut« (Röm 4,4) und »setzt sie dann aufs Konto« (Röm 5,13). »Er deponiert die Anzahlung«, »besteht aber auf voller Erstattung« (2 Kor 1,22f.). Dies sind nur vereinzelte Kostproben aus des Paulus reicher kommerzieller Palette. Ob die an sich komplizierte Heilslehre des Paulus durch solche wirtschaftlich geprägten Bilder anschaulicher geworden ist, bleibt dahingestellt.

Jesus hingegen, der in weiten christlichen Kreisen als des schnöden Mammons total abhold bekannt ist, kannte sich im Geldwesen seiner Heimat sehr gut aus. In einem Gleichnis finden wir, man höre und staune – den fast modern anmutenden Satz: »Warum hast Du mein Geld nicht auf die Bank gelegt?« (Lk 19,23) Das Wesentliche an Jesu Einstellung zum Geld ist kurz gefaßt: Geldbesitz, Handel und Wandel sind nicht an sich zu verurteilen, solange von öffentlicher und privater Hand auch für die Randgruppen der Gesellschaft gesorgt wird.

Aus all seinen Gleichnissen spricht eine große Liebe für die Schöpfung und genaue Kenntnis der Natur. Eine in weiten christlichen Kreisen mißverstandene Aussage Jesu ist seine angebliche Empfehlung, sorglos zu sein, wie die Vögel des Himmels und in den Tag hinein zu leben wie die Lilien des Feldes (Mt 6). Auf gut Deutsch stellt sich die Frage: Ermutigt Jesus also zu einem *Dolce vita*-Lebensstil? Mitnichten! Er wußte so gut wie wir alle, daß die Vögel sehr eifrig und emsig für den morgigen Tag vorsorgen, indem sie z. B. ihre Nester mühselig, Halm um Halm, vorbereiten und aufbauen. Was meinte er also? Nest bauen – sehr wohl! Aber bitte, kein *Zweit*- oder gar *Dritt*-Nest! Von *Dolce vita* kann keine Rede sein. Aber auch nicht von gierigem Hamstern.

Ähnlich verhält es sich mit seinem Blumengleichnis. Wie fleißig ist doch seine Lilie, zutiefst gesehen, wie sie ihr Wasser und den benötigten Stickstoff aus dem Erdreich heraufsaugt, um mittels eines genialen Prozesses der Photosynthese das Sonnenlicht zu verwerten. Also: Äußerst kreativ ist sie sogar und unermüdlich noch dazu! Hamstern aber tut sie auch nicht – und harrt offensichtlich voll Gottvertrauen dem nächsten Tag entgegen.

Jesus war der Mann einer Kultur, der mit beiden Füßen fest in seinem gebürtigen Judentum verwurzelt war. Paulus hingegen war der typische Diaspora-Jude, der mit einem Fuß in Jerusalem, mit dem anderen in Athen stand. Er dachte rabbinisch – aber mit vielem griechischen Gut verwoben, so daß es häufig zu seltsamen Textverzerrungen und fremden Blüten kam. Jesus aber kennen wir nur durch die Trennmauer oft holpriger griechischer Übersetzungen, die häufig ihren semitischen Grundtext durchschimmern lassen. Paulus hingegen spricht zu uns unmittelbar – in seiner griechischen Muttersprache.

Jesus war eine charismatische Führungsgestalt, die Menschen an sich zog und Jünger um sich zu scharen wußte. Paulus blieb sein Leben lang ein Nachfolger und Einzelgänger – streitbar, umstritten und zu Opposition herausfordernd. Man kann sich kaum zwei verschiedenere Männer vorstellen.

Jude war Jesus und Jude blieb auch Paulus – bis ans bittere Ende. Von diesem Jesus fühlte sich Paulus auf dem Weg nach Damaskus berufen. Von einer Bekehrung kann, wie gesagt, aber nicht die Rede sein. Von welcher Religion, zu welcher hin hätte diese denn überhaupt stattfinden sollen? Doch welch ein abgründiger Unterschied trennt die beider Hebräer! Während der Rabbi von Nazareth auf hebräisch und aramäisch dachte und sprach und all sein Wissen seiner Bibel, dem *Tanach* entnahm, mischte der Rabbi von Tarsus pharisäische Denkweisen mit hellenistischem Glaubensgut.

Das Neue Testament wurde, wie bekannt, erst Dutzende Jahre nach dem Ableben der beiden Männer endgültig redigiert und in ferne Gegenden in fremden Sprachen verbreitet. Der Begriff *Christ* kam erst Jahrzehnte nach der Kreuzigung, und zwar in Antiochien zur Welt. »Das Heil kommt von den Juden«, erklärt der Nazarener und warnte seine Jünger, »nicht auf der Heiden Straße zu gehen«, da er sich »nur zu den verlorenen Schafen des Hauses Israel« gesandt wußte. Paulus hingegen ging fast nur auf der Heidenstraße, erwartete das Heil von dem einen Juden Jesus und wandte sich schon in seinem Brief an die Galater im wesentlichen an die Heiden. Gepredigt hat auch er allerdings zumeist den Juden – aber den Diaspora-Juden.

Für Jesus würden »eher Himmel und Erde vergehen als ein Jota der Torah«; Paulus aber kam seinen heidnischen oder gottesfürchtigen Missionskandidaten wesentlich entgegen, indem er vieles von der Torah für sie aufgehoben hat. Kein Wunder also, daß sowohl die Heilsvorstellungen wie auch die Bekehrungsmethoden des Paulus bei vielen seiner Volksgenossen Anstoß erregen mußten. Jedenfalls hatte Jesus von Nazareth keine Ahnung von Trinität, griechischer Gottessohnschaft, der Zwei-Naturen-Lehre oder gar der Zwei-Reiche-Lehre. Dem Paulus war von all diesen Begriffen nur die griechische Gottessohnschaft vertraut. Vom Jesus-Prozeß vor dem Hohen Rat und von einem angeblichen Verrat des Judas an seinem Meister schreibt Paulus ebenfalls nichts – was für unsereinen Bände spricht.

Der erste und vielleicht auch der militanteste Widerstand gegen Paulus ist in der pseudoclementinischen Literatur der Urgemeinde zu finden, die zumindest teilweise auf Paulus' Zeitgenossen zurückgeht. Hier geht es zuallererst um den Kampf um das Apostolat – jene höchste urchristliche Rangbezeichnung, die nach synoptischer Tradition auf Zwölf begrenzt war, die aber insgesamt – wie Augenzeugenschaft, das heißt also das leibliche Zusammensein mit dem irdischen Jesus – als ausschließliches und ausschließendes Merkmal die Apostelwürde beweist. Paulus hingegen gehört nicht dazu! Dies blieb ein Stein des Anstoßes bis an sein Lebensende.

Deshalb wohl wertet er den Umgang mit dem fleischlichen Jesus ab, um seinem Damaskuserlebnis den geistigen Vorrang einzuräumen. Die allgemeine Empörung der Urgemeinde ist leicht vorstellbar. Teilweise sind die Vorwürfe seiner Gegner in Jerusalem sogar aus seinen eigenen Briefen selbst rekonstruierbar: »Er predige ein anderes Evangelium« (Gal 1,7), »ein Evangelium, das dunkel sei« (2 Kor 4,3). »Er verdrehe das Wort Gottes« (2 Kor 4,2) und er habe einen anderen Geist (2 Kor 11,4) – was auf aramäisch auf Teufelsbesessenheit anspielen will (*Sitra Achra*)! Nicht zuletzt behaupten dieselben Jerusalemer Gegner, daß seine Berufung zum Apostolat fragwürdig sei (2 Kor 3,5). So also sollten wir die Widersprüche und Konflikte zwischen Paulus und der Jerusalemer Urgemeinde verstehen.

Es ist dieses Klima der Kontroversen, das die Kraftausdrücke des Paulus verständlich macht: ein grimmiger Kämpfer, der sich nicht scheut, seine Gegner ziemlich unbeherrscht zu beleidigen und zu beschimpfen: als »Tempelräuber und Ehebrecher« zum Beispiel (Röm 2,22f.), als »Zerschnittene und Kastraten« (Gal 5,12) oder als »Erzlügner« (1 Tim 1,10) und viele ähnliche Kraftausdrücke mehr. Den auffallenden Beschimpfungshöhepunkt, daß sein Torahstudium »Dreck« gewesen sei (*Skybala*) (Phil 3,8), können wir als Wutausbruch gegen einen ehemaligen Lehrer oder Kollegen anderer halachischer Meinung zu deuten versuchen.

Zwei weitere gravierende Unterschiede zwischen Jesus und Paulus sind:

Die Einstellung zu den reumütigen Sündern: Jesus erbarmt sich ihrer und nimmt sie an. Das steht in der rabbinischen Tradition, die da sagt: Wo ein reumütiger Sünder steht, können 99 Gerechte nicht stehen. Bei Paulus hingegen finden wir keine solche Akzentuierung. Der Begriff *Teschuwa* – (*Metanoia*) im Sinne von Umkehr und Buße ist bei Jesus von Nazareth zentral. Siehe die schöne beispielhafte Geschichte mit Zachäus, dem

Oberzöllner, der vierfach das geraubte Geld zurückerstattet und die Hälfte seines Vermögens den Armen stiftet – worauf er dann von Jesus angenommen wird! Bei Paulus, der alle Sündenvergebung und Entsühnung auf den Kreuzestod Jesu konzentriert, finden wir keine Notwendigkeit der *Teschuwa*. Ein besorgniserregendes Manko für das menschliche Miteinander, sollte man meinen!

Die Bewertung des Tuns: Bei Jesus ist das Wörtlein »tun« das häufigste Zeitwort in seinem Vokabular. Er verlangt das »Tun der Wahrheit«, will sagen: die Erfüllung der Gebote, ja sogar deren Übererfüllung – das heißt, die »bessere Gerechtigkeit«. Er erwartet von jedermann und jederfrau die aktive Mitarbeit an der Vorbereitung des Reiches Gottes auf Erden, das dann zu seiner Zeit kommen wird. Bei Paulus kein Wort von all dem – da ja die Erlösung – oder das Angeld (*Arrabon*) auf das Heil bei Golgatha schon geschenkt worden sei.

Bei Paulus' Überbetonung des nachösterlichen Christus kommen wir alle zu kurz – angesichts der herrlichen Berichte über die Taten Jesu auf Erden. Welch ein Glück, daß wir nicht nur auf Paulus diesbezüglich angewiesen sind! Denn für Paulus zählt ja, wie er wiederholt betont, lediglich der gekreuzigte und wiederauferstandene Christus. Eine Reduktion also der 30jährigen Jesuologie der Evangelien auf eine kurze, abrupte Christologie von drei Tagen. Welch ein Verlust für das Christentum! Denn im Eiltempo des Credos von *Geboren – gelitten unter Pilatus – gestorben und begraben* wird all das gute, beispielhafte Tun und Lassen des Meisters aus Nazareth unter den Teppich gekehrt.

Fest steht aber trotzdem, daß auch Kreuzigung und Auferstehung nicht ohne ihren jüdischen Hintergrund richtig zu verstehen sind! Gekreuzigt wurden mit Jesus nicht nur die zwei angeblichen Schächer zu seiner Rechten und Linken, sondern Tausende von gläubigen patriotischen Juden, die für ihren Glauben von den Römern hingerichtet wurden. Um die Auferstehung der Toten betet das normative Judentum seit Makkabäerzeiten in der täglichen Liturgie. Allerdings ist dem hebräischen Messiasverständnis – und es ist nun einmal das ursprüngliche – keineswegs eingestiftet, daß der Messias von einer Jungfrau geboren werden, gekreuzigt, begraben und auferstehen müsse. Dies alles jedoch wurde zum Eckstein der christlichen Heilslehre und zu einer der Wasserscheiden zwischen Juden und Christen.

Paulus brachte zwei substantielle Änderungen im jüdischen Messiasverständnis, die später aus dem Judentum herausführen mußten: Seiner Verkündigung nach ist der Erlöser erschienen, aber nicht das Himmelreich. Dies führte zu der späteren tragischen christlichen Verdrängung des Himmelreiches auf St. Nimmerleinstag oder zu seiner Verinnerlichung als »Seelenheil« – womit die Mitmenschlichkeit und die Arbeit am Heil eigentlich zu kurz kommen müssen. Bei den Juden hingegen sind der Zeitpunkt der Ankunft des Messias und des Himmelreiches auf Erden unzertrennbar verbunden.

Da nach Ostern kein Heil wahrzunehmen war, »da alles beim alten geblieben war«, wie die Klage im 2. Petrusbrief (3,4) lautet, kam es im Zuge der sich entfaltenden Christologie zu einer Art von Kompensation: Je schmerzlicher die Unerlösbarkeit der Welt zu spüren war, je länger das konkret geschichtliche Heil auf sich warten ließ, um so höher, himmlischer und gottähnlicher wurde die Jesusgestalt verherrlicht.

Last not least ändert sich seit Paulus die Blickrichtung der Hoffnung: »Suchet nicht den Gott vor euch, sondern suchet das Obere, wo Christus sitzt zur Rechten des Vaters; nach dem Oberen trachtet, nicht nach dem auf der Erde!« (Kol 3,1f.) Denn wie Paulus sagt: »Unser Staatswesen (*politeuma*) befindet sich in den Himmeln (Fehlübersetzung!), von woher wir auch als Retter den Herrn Jesus Christus erwarten« (Phil 3,20). Wo bleibt da, lieber Paulus, unser Einsatz für all die Armen, die Witwen, die Waisen, die Fremden und die geschundene Mitwelt, hier auf dieser Erde, die uns von Gott zur Bewahrung anvertraut worden sind? Wie es so oft im Alten Testament betont wird! Die jüdische Geschichte kennt weder Zäsur noch ein Jahr Null. Die Hoffnung auf das Heil und das Kommen des Messias sind eingestiftet und werden von Gott zu seiner Zeit geschenkt werden. Um die Mitarbeit und die *präparatio messia-*

nica kommen wir aber nicht herum, hier auf dieser herrlichen und zugleich elenden Erde.

Ein weiterer gravierender Unterschied zwischen Paulus und Jesus darf nicht verschwiegen werden, und zwar ihre Einstellung zu Frauen! Paulus' Unterschätzung der Frau, die aus den griechischen Einflüssen stammt, hat bei gewissen Strängen der Feministischen Theologie heutzutage zu antijudaistischen Vorurteilen geführt. Markante Vorurteile des Mannes aus Tarsus sind z. B., daß die Frau »lediglich ein Abglanz des Mannes sei« (1 Kor 11,7) und daß »die Frauen sich unterordnen sollen« (1 Kor 14,34) und daß »ein Mann keine Frau berühren möge« (1 Kor 7,1) und daß er »am besten nicht heiraten solle« (1 Kor 7,7). Diese Vorurteile kommen nicht aus jüdischem Mutterboden, sondern weitgehend aus der griechischen Stoa. Möglicherweise spielte dabei auch der persönliche Gesundheitszustand Paulus' eine Rolle – aber dies ist reine Spekulation. Bei allen bekannten zeitbedingten Benachteiligungen der jüdischen Frau von damals, im Scheidungsrecht z. B., kann aber von solch massiver Hintansetzung nicht die Rede sein. Auch Bibel und Talmud haben einen ganz anderen Stellenwert für die Frau – wie wir es auch beim Nazarener feststellen können. Er, der bei der Hochzeit zu Kana sich mit den Brautleuten freut, bei Frauen zu Gast war, der etliche Frauen zu Jüngerinnen machte und sich auch von reichen Frauen mitsamt seiner Bewegung unterstützen ließ. In diesem Verhalten widersprach er keineswegs dem pharisäischen Judentum. Woher wissen wir das? In keinem der Streitgespräche mit Lehrkollegen – wo es um alle Gebiete des Lebens ging – hören wir von einem Zankapfel namens Frau. Zudem hätten ihn die Synagogen seiner Heimat nicht Sabbat für Sabbat lehren und predigen lassen, wenn es Differenzen in solch wichtigen Auslegungsfragen der Torah, wie Frauen, Sexualität und Ehe, gegeben hätte. Also müssen wir annehmen, daß Paulus' Einstellung zur Frau sein eigenes Sondergut war.

Um unserem Freund Paulus wiederum eine Brücke zurück in sein gebürtiges Judentum zu bauen, sei auf eine seltene Stelle in der jüdischen Überlieferung hingewiesen: Es handelt sich um die Drei-Äonen-Lehre. Sie teilt die gesamte Heilsgeschichte in drei Epochen auf:

1. zweitausend Jahre Tohuwabohu (Chaos),
2. danach folgten 2000 Jahre Torah – gekrönt von
3. 2000 Jahren des messianischen Reiches.

Diese Vorstellung gewisser jüdischer Kreise sowohl vor wie nach der Zeit des Paulus besagt also, daß mit Anbruch der Messias-Epoche die Torah-Herrschaft zu Ende gehe. Nach dem 2000jährigen messianischen Reich käme dann »der Weltensabbat«, was die vollkommene Erlösung der Welt bedeutet. Ist es möglich, daß Paulus diese in normativen jüdischen Kreisen nicht allgemein akzeptierte Deutung der Messianologie inspiriert hat?

Von hier mögen sich einige seiner Fragen betreffend Messias und Torah vielleicht erklären lassen: »In welcher Periode leben wir? In der der Torah oder der des Messias? Es war eine jüdische Frage, die nichts mit Heidentum oder Hellenismus zu tun hatte. Wenn die »Tage des Messias« beginnen, gehen die Tage der Torah-Herrschaft zu Ende. Die Wahl hieße also: Gesetz oder Erlösung. Der ganze Glaube des Paulus stand bei dieser Alternative auf dem Spiel. Es war eine Frage, die für ihn weder einen Kompromiß noch den geringsten Aufschub duldete. Seine Entscheidung fiel dementsprechend (b Sanhedrin 97a und j Meg 70b; vgl. auch Gal 2,21).

Zusammenfassend: In Beantwortung der uns gestellten Frage nach den Unterschieden zwischen Jesus und Paulus läßt sich heute ein klareres Bild zeichnen, als es viele Jahrhunderte lang möglich war. Denn endlich gibt es wieder einen jüdischen Staat in Israel und eine weltweite jüdische Diaspora – ganz wie zu Zeiten Jesu und Paulus'. Erst jetzt können wir uns den Sitz im Leben der beiden Männer vergegenwärtigen: Jesus – der Torahvertiefer, der Zäune um das Gesetz baute und die Gebotserfüllung radikalisierte – er wäre heutzutage etwa ein chassidischer Rabbi mit gar vielen Anhängern und deren ausgeprägten messianischen Erwartungen. Paulus hingegen wäre vielleicht ein Reformrabbiner in der Diaspora, etwa in New York, dessen Hauptanliegen das Ethos der Propheten Israels wäre – ganz wie es die heutigen Reformrabbiner predigen, leben und lehren. Beide Gruppierungen sind fest im Judentum verankert – aber sehr zerstritten und oft in scharfe Lehrgespräche verwickelt – wie anno dazumal. Dies bedeutet sicher keine Einebnung des Nazareners, der ein großer Rabbi war, eine Leuchte Israels mit gewaltigem Sondergut – aber Jude ist er eben allemal geblieben. Daß er zum Heidenheiland geworden ist, ohne der Messias Israels zu sein – ganz logisch angesichts der schrecklichen Unerlöstheit dieser Welt –, muß keineswegs einen Widerspruch darstellen. Sicherlich führen viele Wege zu Gott, denn wir alle haben schließlich nur einen Zipfel der Wahrheit in unserem Wahrnehmungsbereich. Christentum und Judentum – mit all ihren Abzweigungen – sind nur zwei dieser Wege. Beide aber haben bereits ein Angeld auf die kommende Erlösung bekommen: die Juden die Offenbarung am Sinai – und die Christen die Kreuzigung und Auferstehung zu Golgatha. Aber ohne Sinai ist kein Golgatha denkbar! Und ohne das Alte Testament verlöre das Neue Testament seinen Grund und Boden! Paulus hingegen bleibt nach wie vor ein Mann der Ungereimtheiten, der Widersprüche und der gewagten Umdeutungen. Die Antwort des Rabbis von Tarsus jedoch auf die Arroganz aller Heilsmonopolisten, die die Gnadenliebe Gottes gepachtet zu haben glauben, gleicht der des Propheten Jesaia: Sie ist sein Schlußwort zu Röm 9–11 und will ein Dauerdämpfer aller vorwitzigen zünftigen Gotteswisserei sein: »Wer hat den Sinn des Herrn von Himmel und Erde erkannt – oder wer ist sein Ratgeber gewesen? Wie unerforschlich sind doch seine Wege!« (Röm 11,33ff.) Sollte diese bescheidene Einsicht unseres ansonsten keineswegs zimperlichen Kämpen nicht zur Nachahmung einladen!? Indem er ein Hohelied von der Souveränität Gottes anstimmt, setzt er aller theologischen Spekulation eindeutig Grenzen und verweist auf den Glauben an Gott.

III. Paulus und die Torah: Ist das Gesetz »heilig« oder »die Kraft der Sünde«?

Im vierten Jahrzehnt des christlich-jüdischen Glaubensgesprächs ist Jesus nicht mehr die einzige Zentralfigur in der Auseinandersetzung zwischen Kirche und Synagoge. Nachdem das Interesse an Jesus in Europa, in Amerika und Israel es heute erlaubt, von einer anfänglichen Heimholung des lange totgeschwiegenen Nazareners in sein Volk und sein Land zu sprechen, beginnt auch die christliche Theologie schrittweise, wenn auch zögernd, die Schlußfolgerung zu ziehen, die das wohl kaum zufällige Judesein Jesu ihr auferlegt. Im Bezug auf Paulus ist das noch keineswegs der Fall. Während sich die evangelische Theologie insgesamt weitgehend an Paulus orientiert, um seine Christologie zur ausschlaggebenden Kirchenlehre zu erklären, gestehen bekannte Theologen wie Günther Bornkamm, daß Paulus wohl »die umstrittenste Figur des Neuen Testamentes« sei, weil er »aus jüdischen Schriften und heidnischen Büchern ein Dogmengebäude errichtet, das die Geschichte zwischen Juden und Christen bis heute tatsächlich schwer belastet«. Ähnlicher Meinung sind die meisten jüdischen Deutungsversuche, obwohl hier, dem pluralistischen Geist des Judentums getreu, von einer einheitlichen Sicht kaum die Rede sein kann.

In den engen Rahmen eines Einzelessays kann man weder eine Koryphäe wie Paulus – noch die jüdische Galerie von Paulusbildern hineinzwängen. Aber wenn der schillernde Regenbogen jüdischer Paulusdeutungen auf einen Nenner gebracht werden kann, so würde ich sagen, daß Jesus als gottesfürchtiger, wenn auch eigenwilliger Jude gilt, während Paulus, wie es heißt, den Glauben Jesu in einen Christusglauben umfunktioniert hat, um so aus einer synagogalen Urgemeinde eine torahentfremdete Heidenkirche zu machen. Nach gängiger jüdischer Meinung war er also ein Apostat, der mit Füßen trat, was ihm einst heilig gewesen war. Ich glaube, die Zeit ist reif, ein neues jüdisches Paulusbild zu erarbeiten, das sowohl dem Heidenapostel, seiner weltweiten Wirkung, aber auch seinem nie aufgegebenen Judesein gerecht wird.

Was dem noch immer entgegensteht, sind die Lehrmeinungen zahlreicher christlicher Theologen. So z. B. behauptet Günther Klein, »Paulus habe mit seiner Theologie die Geschichte Israels radikal entheiligt und paganisiert« (»Römer IV«, München 1969, S. 158). Ernst Käsemann schreibt: »Der eigentliche Gegner des Apostels Paulus ist der fromme Jude« (»Paulus und Israel«, Göttingen 1964, S. 191). Ulrich Wilckens behauptet: »Paulus war ein Jude ... war aber auch ein unversöhnlicher Feind jeglichen Judaismus im Christentum« – wobei hinzuzufügen ist, daß derselbe Wilckens »antijudaistische Motive im Neuen Testament für theologisch essentiell hält« (»Das Neue Testament und die Juden« in: Evangelische Theologie 34, 1974, S. 602–611). Wer als Jude solches liest, kann kaum umhin zu fragen: Ist Paulus also der Begründer des Antisemitismus? Ist er der Vater der sich als christlich gebenden Judenfeindschaft? Oder krankte er gar an jüdischem Selbsthaß?

Um diese aufrüttelnden Fragen zu beantworten, müssen wir zu Paulus selbst gehen, das heißt zu seinen Briefen, die fast ein Drittel des ganzen Neuen Testaments ausmachen. Hätte Jesus uns nur zwei Seiten in seiner eigenen Handschrift hinterlassen, so wären höchstwahrscheinlich die Hauptprobleme der Christologie, der Heilslehre und der Messianität so einleuchtend gelöst, daß wir des Paulus höchstens als Nebenzeugen bedürften. Da wir aber von Jesus nur Auskunft aus zweiter Quelle besitzen – und das noch in einer widersprüchlichen Vielfalt –, benötigen wir Paulus, bekannt als frühesten Schriftsteller der Jesusbewegung, der ihr beredsamster und genialster Denker war.

Die Paulusbriefe – doch hier stocke ich schon. Einerseits hat er sicherlich mehr geschrieben als die, die uns unter seinem Namen erhalten sind. Andererseits ist bis heute die sogenannte Echtheitsfrage noch immer nicht gelöst: Welche Episteln wurden von ihm verfaßt, und welche sind als Deuteropaulinen seinen Jüngern oder Assistenten zuzuschreiben? Diese Grundfrage erinnert an den Streit um die Echtheitskriterien der Evangelienberichte und der Jesusworte. Beide sind derart von unbewiesenen Annahmen und prinzipiellen Vorentscheidungen überwuchert, daß man, um ehrlich zu sein, nur von methodischen Zirkelschlüssen sprechen darf: Man setzt also voraus, was man als Ergebnis erzielen will – so daß Jesus einerseits, und Paulus andererseits, häufig wie das Gefäß anmutet, in welches jeder zweite Theologe sein eigenes Gedankengut hineingießt. Unmittelbar stammt wohl kein einzelner Brief aus Paulus' Feder. Er diktierte sie, fügte oft einen Nachsatz in seiner eigenen Handschrift hinzu und sandte sie ab, offensichtlich ohne sie gründlich durchzulesen – so undenkbar dies uns Heutigen auch scheinen mag. Auf diese Art sind uns auch seine Wiederholungen, Selbstwidersprüche, Dunkelheiten und grammatikalischen Schnitzer erhalten geblieben. Hätte er geahnt, daß auch seine Nebensätze einst kanonisiert und von Tausenden von Theologen zerlegt und viviseziert würden – er hätte seine Episteln sicherlich mit größerer Sorgfalt korrigiert.

Jesus war kein Theologe – weil er Jude war. Wie die Propheten vor ihm, gab er konkret biblische Antworten auf dringliche Lebensfragen, wie etwa die Armut, die römische Steuerfrage, der Bruderzwist – und das tägliche Brot. Jedweder Versuch, die Geheimnisse Gottes zu enträtseln und fein säuberlich zu systematisieren, hätte ihn sicherlich als blasphemische Arroganz angewidert. Ähnliches gilt für den Spätling unter seinen Aposteln, Paulus, dessen Sendbriefe auch konkrete, zeitbedingte und erstgebundene Probleme ansprachen, wobei sein Stil nur gelegentlich rabbinische Denkweisen und pharisäische Dialogik durchschimmern läßt. All seine Antworten – auch die durchdachtesten – muten fragmenthaft an und bleiben, gut jüdisch, sowohl nach vorne als auch nach oben offen. Nach vorne, in eine unvoraussehbare Zukunft, und nach oben – da niemand auf Erden Gottes Pläne vorausahnen oder gar vorbestimmen kann. Denn wie Paulus zweimal betont, ist alle Menschenerkenntnis »bruchstückartig, Flickwerk, verschwommen – und all unser Prophezeien bleibt makelhaft« (1 Kor 3,19ff. und 1 Kor 13,9). Trotz aller Selbstsicherheit hatte er genügend Selbsterkenntnis, um an seinem Lebensabend zuzugeben: »Nicht daß ich es schon ergriffen habe (nämlich: den Heilsplan

Gottes) ... ich jage ihm aber (noch immer) nach!« (Phil 3,12) So war und bleibt Paulus also ein Nichtdogmatiker, dessen Worte keineswegs für die Goldwaage der Theologen gemeint sind.

Für mich ist er vor allem der Verfechter einer jüdischen Diogmatik (von díogmos), der unvollendeten Jagd nach der Wahrheit, von der auch er nicht viel mehr als einen Zipfel zu ergattern vermochte. Von diesem ganz undogmatischen Diogmatiker soll hier die Rede sein – um sowohl seiner Fehlbarkeit sowie auch seiner Unfertigkeit gerecht zu werden. Sein Geständnis hat ihm aber leider nichts geholfen. All seine Gelegenheitsbriefe, die spezifisch gemeint und z. B. auf römische, galatische oder korinthische Anfragen um die Mitte des ersten Jahrhunderts reagiert haben, wurden von seinen Epigonen oft gegen den Strich verabsolutiert, verewigt und auf alle fünf Erdteile globalisiert.

Obwohl Paulus mit »Ekklesia« immer nur eine Einzelgemeinde anspricht – niemals eine Institution und noch weniger eine ganze Organisation –, wurden seine ortsgebundenen Gemeindeaussagen zur sakrosankten ekklesiologischen Grundlage der gesamten Weltkirche. Weil Paulus die kleine, schwache Gemeinde in Rom wohlweislich ermahnte, ihre Steuern pünktlich zu zahlen, um der heidnischen Obrigkeit durch Ungehorsam keinen Vorwand zur Christenverfolgung zu bieten – wurde 1500 Jahre lang allem christlichen Freiheitsdrang ein theologischer Strick gedreht; die Kirche wurde mit dem Kaisertum vermählt, und in Tausenden von Kirchen wurde eine ganz unjesuanische Unterwürfigkeit gepredigt – auch als »der Kaiser« ein braunes Hemd trug. Den Ausnahmen von dieser Regel sei hier die geziemende Ehre geboten.

Und weil Paulus geschrieben hatte: »Christus ist des Gesetzes Ende« (Röm 10,4), wurde Jesus, der geschworen hatte, daß Himmel und Erde vergehen würden, ehe ein einziges Jota von der Torah verginge (Mt 5,17ff.), zum Abschaffer der Torah umfunktioniert, die mit ihm angeblich ihre Gültigkeit verloren habe. Damit wurde aber ganz Israel – im Denken der Kirche – seiner Erwählung, Geschichte und Zukunft beraubt. Daß Paulus in der zweiten Hälfte von Röm 10,4 hinzufügt: »Zur Gerechtigkeit für jeden, der (an ihn) glaubt« – das wurde entweder übersehen oder ignoriert. In seiner Gänze aber besagt dieser Satz, daß nur für die Christus-Gläubigen das Gesetz zu Ende sei – und zwar wiederum nur als Modalität der Rechtfertigung – oder als Heilsweg: eine zweifache Einschränkung, die jedwede Verabsolutierung der sogenannten Gesetzesbeendung unüberhörbar Lügen straft. Wenn dem hinzugefügt wird, daß derselbe Paulus unter den »unbereubaren« Gnadengaben Gottes, die Israel *auch nachösterlich* angehören, auch die »Gesetzgebung« nennt; daß die Vokabel »telos« nicht nur »Ende«, sondern auch »Ziel, Abschluß, Vollendung« oder »das letzte Stück« bedeuten kann; daß der Apostel zweimal darauf hinweist, daß Jesus selbst dem Gesetz gemäß gelebt habe (Gal 4,4 und Röm 15,8), daß Paulus seinen jungen Gemeinden eine neue *Halacha* auferlegt, die 56 Satzungen, Gesetze, Verbote und Bestimmungen enthält, welche teilweise sogar strenger und legalistischer anmuten als die ganz unasketische Orthopraxie der Rabbinen: so kann weder von einer Paulinischen Aufhebung des sogenannten Gesetzes noch der Gesetzlichkeit die Rede sein.

Noch wichtiger jedoch ist die Gegenüberstellung Christi vis-à-vis der Torah, wobei der erstere die letztere als Heilsweg überholt habe, denn »wenn durch das Gesetz Gerechtigkeit käme, ist Christus vergeblich gestorben« (Gal 2,21). (Siehe hier auch Kapitel »Paulus und Jesus« über die »Drei-Äonen-Lehre, S. 25f.) Hier kann der Jude sich nur an den Kopf greifen und wortlos staunen – denn für das Rabbinat war ja die Torah nie und nimmer ein Heilsweg zu Gott. Die Torah ist überhaupt kein Heilsweg, weil das Judentum einen solchen gar nicht kennt. Ihm ist ein Lebensweg gegeben worden, für den die Torah Richtschnur und Wegweiser ist. Wenn das Heil die Gewißheit der Liebe Gottes bedeutet, dann wurzelt diese Torah bereits im Heilsbund vom Sinai, den Gott unwiderruflich mit ganz Israel geschlossen hat. Daher kennt die Torah auch keine Bedingungslogik, die ihren Fortbestand an jüdisches Wirken oder Wollen ketten könnte – und nicht nur an den Glauben, der aber nach Paulus das Heil konstituieren muß. Für Paulus hingegen ist Glauben so gut wie alles: Im Glauben sind das Heil und die

Gnade, das Leben und die Wahrheit. Der Glaube gilt ihm, so scheint es manchmal, um des Glaubens willen. *La foie pour la foie*, wie die Franzosen sagen würden. Die Torah ist für Juden Gnadengabe, die aus der Liebe Gottes fließt; hingegen ist der Glaube oder Unglaube der freien Wahl jedes einzelnen überlassen. Selbstverständlich beruht die Torahtreue einzig und allein auf der *Emunah* – dem schlechthinnigen, fraglosen Vertrauen auf Gott – das zum *Tun* für Gott, zur Mitarbeit am Heilswerk dieser noch unfertigen Welt aufruft.

Aber die beiden voneinander abhängig zu machen, ist, wie F. W. Marquardt sagt, »ein heidnisches Gesetz... weil der Heide ohne den Fetisch des Ich-Bewußtseins sich nichts Wirkliches denken kann« (»Treue zur Torah«, 1982, S. 188). Indem Juden die Torah für unabdingbar und, mit Paulus, auch für »unbereubar gegeben« halten, das Heil aber für Gottes alleiniges Monopol erachten, sind Juden die Anwälte, die »sola gratia« auf ihre Fahnen geschrieben haben. Wenn Paulus also sagt, daß weder Jude noch Heide durch die Erfüllung von Geboten oder durch Werke der Torah das Heil erarbeiten kann, so rennt er bei allen bibelkundigen Juden offene Türen ein. Denn für alle Talmudmeister war es selbstverständlich, daß das Heil – oder: der Anteil an der kommenden Welt, wie es auf hebräisch heißt – einzig und allein durch Gottes Gnadenliebe zu erreichen ist – auch wenn das Tun geboten ist. Anders gesagt: Das Prinzip der »sola gratia« galt für das normative Judentum seit eh und je als unumstrittene Tatsache. »Wie kann ein Mensch gerecht werden oder ein Mann rein sein vor seinem Schöpfer?« So fragt schon Hiob (4,17) gut rhetorisch – und Psalm 143 antwortet mit Nachdruck: »Vor Dir, O Gott, ist kein Lebendiger gerecht!« (Ps 143,2) – auch nicht der Gerechteste aller Chassidim. Was maßgebend ist und bleibt, ist das Gotteswort aus Ex 33,19: »Ich schenke Gnade, dem ich gnädig bin; und wessen ich mich erbarme, dessen erbarme ich mich« – eine Aussage, die Paulus zustimmend in Röm 9,15 zitiert. Das Judentum als Leistungsprinzip, als ein Rechnen mit Gott – anstatt eines fraglosen Rechnens auf Gott; ja, die Entwürdigung der »Göttlichen Weisung« – was dem Begriff Torah sowohl sprachlich als auch inhaltlich entspricht – auf das engstirnige Wort *Nomos*: all dies ist eine absurde Karikatur, die leider Gottes bis heute im Christentum noch immer weiter wuchert, aber bei Paulus ihre Wurzeln hat.

Torah heißt Weisung oder Gottes-Lehre und enthält rein quantitativ viel mehr an Verheißungen, Erfüllungen, Ethos und Heilsgeschichte als eigentliche Gesetze, Satzungen und Vorschriften, die angeblich zum trockenen Formalismus und zum unfruchtbaren Legalismus führen. Im christlichen Sinne des Wortes ist jedoch diese Bibel – *Tanach* auf Hebräisch – Evangelium, also die Frohbotschaft von der Liebe Gottes und der Freiheit aller Menschenkinder. Jedoch führt alle Freiheit ohne freiwillig akzeptierte Gesetzlichkeit zur Anarchie und zur Selbstversklavung an alles Triebhafte, das in allen Menschenherzen giert und gärt. Das wußte Paulus so gut wie wir alle. Vielleicht deshalb hat er auch viel Gutes zu sagen über dieses sogenannte »Gesetz«, das er rund achtzigmal zitiert, auf das er sich unermüdlich beruft und das seine Grundlage bleibt für seine Weltanschauung, seine Christologie und seine gesamte Heilslehre.

So bleibt er dabei, daß »das Gesetz heilig und das Gebot heilig und gerecht und gut« ist (Röm 7,12), daß das Gesetz »geistlichen Wesens« ist (Röm 7,14), er weist es energisch zurück, daß das Gesetz »Sünde« sei (Röm 7,7) und »mir zum Tode ausschlug« (Röm 7,13). »Was mich in den Tod führte«, war »vielmehr die Sünde, damit sie als Sünde in Erscheinung träte.« (Siehe unten das Kapitel »Vom Fluch des Gesetzes«.) Nicht von ungefähr klagt der zweite Petrusbrief, daß »so manches in den Briefen des Paulus« schwer verständlich sei« (2 Petr 3,16). Dies bezieht sich mit Sicherheit auch auf seine zwiespältige Einstellung zur Göttlichen Weisung, die in seinen 119 Nomos-Stellen von sonderbaren Widersprüchen strotzt. Der evangelische Theologe Peter Stuhlmacher hat wohl recht: »Die paulinische Gesetzesinterpretation ist das komplizierteste Lehrstück der Theologie des Paulus – es läßt sich einfach keine einheitliche Summe des neutestamentlich-christologischen Gesetzesverständnis des Paulus ziehen.«

Ein Ausweg aus der Schwierigkeit scheint mir folgender zu sein: Da in den Paulusbriefen ein enger Zusammenhang zwischen dem Gesetz und Jesus Christus besteht, sollte man diese Zweiheit im Lichte des Gesamtwerkes, das uns der Heidenapostel hinterlassen hat, neu überdenken. Hauptanlaß dazu ist folgender: Gottes »heiliges, gerechtes und gutes Gesetz«, wie es im Römerbrief (7,12.24) heißt, ist nach Paulus einzig und allein dem Volke Israel gegeben worden. Jeder Versuch von seiten übereifriger Missionare, es Nicht-Juden aufzuzwingen, wird von Paulus bekämpft. Hier steht Paulus auf gut pharisäischem Boden, den er auch in Röm 4 und in Gal 3 nicht verläßt, wenn er dort mit Nachdruck zeigt, daß Gott nur dort sein Gesetz gibt, wo zuerst Verheißung und Bund gegeben wurden. Somit ist die Bundesliebe Gottes der Grund und Boden des weiterhin gültigen Gesetzes.

Gibt es aber ohne Bund und Verheißung kein Gesetz, so ist es sinnlos, solchen Heiden, »die fern den Bünden der Verheißung standen« (Eph 2,12), jetzt das Gesetz im Namen Jesu, sozusagen als Zusatz zum Christusglauben, oder als pädagogische Vorbereitung auf ihn aufzudrängen. Um so mehr als er aus seiner früheren Missionspraxis wissen mußte – wie Paulus durchblicken läßt –, daß die Heiden nicht imstande waren, das Joch des gläubigen Torahgehorsams zu ertragen. All dies gilt selbstverständlich nur für Heidenchristen; denn für Juden und Proselyten zum Judentum behält die Torah Mosis, wie Paulus es sieht, ihre volle unveränderte Gültigkeit. Dies betont er mit Nachdruck im Galaterbrief: »Ich versichere noch einmal jedem Menschen, der sich beschneiden läßt: er ist verpflichtet, das ganze Gesetz zu halten!« (Gal 5,3) Kein heutiger Rabbiner hätte hier auch nur das geringste einzuwenden. Das ist genauso klar wie die Tatsache, daß hier von keinem Antinomismus die Rede sein kann.

Nicht weniger ausschlaggebend für eine jüdische Neuinterpretation des sogenannten Heidenapostels ist eine sprachliche Einsicht betreffs des Gebrauchs der Vokabel *Nomos* in den Paulusbriefen. Wer sich nämlich die Mühe nimmt, alle 119 Paulinischen Erwähnungen des sogenannten Gesetzes, je nach ihrem Zusammenhang, unter die jüdische Lupe zu nehmen, merkt bald, daß es sich unmöglich um ein und denselben Begriff handeln kann. Um so mehr, da Paulus ihn zwar des öfteren »heilig«spricht, jedoch häufig als Wurzel allen Übels anprangert, aber manchmal auch ganz wertneutral als *terminus technicus* benützt. Nur ein Zurücksteigen in den pharisäischen Wortschatz des Paulus kann uns diesen Widerspruch enträtseln, der seit Augustinus, aber insbesondere seit Luther, zu schwerwiegenden Fehlschlüssen geführt hat. Da die *Koiné* (Mundart des damaligen Mittelmeerraums) oft zu wortarm war, um allen Nuancen der hebräischen Sprache gerecht zu werden, steht das Wort *nomos* eigentlich für vier ganz verschiedene rabbinische Grundbegriffe:

1. Als »Göttliches Sittengesetz« (*Torah Mi-Snai*) hält es Paulus für »heilig, gerecht und gut« (Röm 7,12).
2. Als *Halacha*, d. h. rabbinische Kasuistik, lehnt es Paulus als »Gesetz der Sünde« ab, da er es als Scheidemauer zwischen Heiden und Juden betrachtet.
3. Des öfteren heißt es jedoch lediglich: *Mikra* – also: Bibelstelle, die Paulus zitiert, ohne jedwedes Werturteil zu fällen.
4. Last not least, bedeutet es bei Paulus einige Male: *Torah*, als Fünfbuch Moses, oder: Lehre vom Sinai, die Jesus – der Christologie des Paulus gemäß – »erfüllt« und »vollendet« hat – für die Heidenchristen, wie er sagt.

Doch auch hier stellt derselbe Paulus klar, daß es ohne diese Torah keinen Messias geben kann – ein als Jude geborener und torahgetreuer Jude wohlgemerkt; denn Christus ist ja auch für Paulus die Summe aller alttestamentlichen Verheißungen. Niemals hat Paulus behauptet, daß die torahtreuen Juden von der Segensverheißung Abrahams oder vom Gnadenbund Gottes ausgeschlossen seien, noch ist sein Grundprinzip der »sola gratia« gegen Juden gerichtet, die er nie und nirgends von der Erfüllung der Torahsatzungen dispensiert. Ganz im Gegenteil: Er selbst beschneidet ja Timotheus, der Torah gemäß, und in Gal 5,3 heißt es gut rabbinisch: »Wer sich beschneiden läßt, ist verpflichtet, die ganze Torah zu halten.« Seine Polemik im

Galaterbrief, seine Rechtfertigungslehre und seine Gegenangriffe gegen die sogenannten »Judaisantes« sind weder gegen das Judentum gerichtet, noch gegen einzelne Juden, sondern gegen judenchristliche Glaubensgenossen, die nach seiner Überzeugung »ein anderes Evangelium« predigen – »wo es doch gar kein andres gibt!« (Gal 1,6f.) Daraus lernen wir u. a., daß Paulus jahrelang nicht nur im Streit mit vielen Juden und der Urgemeinde in Jerusalem war, sondern zugleich auch gegen so manche Konkurrenz-Apostel zu kämpfen hatte – die evtl. eine andere Christologie oder ein anderes Evangelium, und mit Erfolg, auch predigten.

Wer das ganze Werk des Paulus durch jüdische Augen überschaut, um den Gesamt-Horizont seiner Briefe zum Prüfstein jeder Einzelaussage zu machen; wer ihn weder durch die Augen des Augustinus noch durch die Brillen Luthers zu lesen vermag, sondern wie er selbst als Jude und als Wahrheitssucher verstanden werden wollte, der weiß, daß Paulus kein Christ gewesen war – denn so etwas gab es zu seinen Lebzeiten gar nicht –, sondern sein Leben lang ein jüdischer Mystiker geblieben ist – ein Jude, der durch seinen Messiasglauben sein gebürtiges Judesein zu vertiefen und erfüllen glaubte – und durch die Missionierung vieler Heiden zu erweitern bestrebt war. Ein Sohn Israels, Fanatiker und Missionar – das war er vor Damaskus und auch danach, bis zu seinem Tod durch Römerhand.

Er hat sich niemals bekehrt, sondern folgte einer Vision der Berufung, die er mit Absicht in Worten beschreibt, die aus den Berufungen Jeremias, Jesaias und Ezekiels stammen. Das Wort »Bekehrung« kommt im ganzen Neuen Testament überhaupt nur einmal vor (niemals bei Paulus) – und zwar in Apg 15,3, wo *epistrophe* als »die Bekehrung der Heiden zum Gott Israels« erwähnt wird. Von einer Bekehrung oder Missionierung der Juden im kirchlichen Sinn verkündet das Neue Testament nichts. Ebenso hat Paulus kein neues »Glaubensprinzip« begründet, noch ein altes »Torahprinzip« zerstört. Er hat weder dem Judentum abgeschworen, wie zahlreiche christliche Theologen behaupten, noch hat er das Christentum gestiftet, wie etliche jüdische Gelehrte annehmen. Für ihn war sein

Damaskuserlebnis jener »Kairos« der Heilszeit, der seit Abraham prädestiniert sei. Ein Wendepunkt also im göttlichen Heilsplan, der Juden mit Heiden versöhnen würde. Nicht als Ausbruch aus Israel, noch als Einbruch in das Heidentum, und schon gar nicht als Abschaffung der Torah – sondern ganz im Gegenteil: als die langersehnte Offenbar-Werdung der universalen Grundintention jener Gotteslehre vom Sinai, die – wie er meinte – eine weltumfassende Ökumene aus gläubigen Juden und Heiden voraussieht. Ein Israel aller eingemeindeten Gottesfürchtigen (Gal 6,16), dessen Glieder zusammenleben und zusammenwirken sollten, wie die Liebe Gottes, die beide umfaßt, ist sein Idealbild.

Ein Heilsuniversalismus durchsetzt allerdings auch das Urgestein der Hebräischen Bibel, die mit der Menschheitsgeschichte beginnt, nur ein einziges Weltall kennt und mit der Vision der erlösten Menschheit ausklingt. Das wußten die Rabbinen und Paulus sehr wohl. Worüber waren sie sich uneins? Nicht *was* mit den Heiden geschehen sollte, sondern *wer* letztlich die Versöhnung erwirken würde und *wann* all dies geschehen werde – darüber gab es Dissens. Die welterfahrenen Rabbinen sahen ihre römisch-hellenistische Umwelt mit prüfendem Auge an und kamen mit einem Seufzer des Bedauerns zur einstimmigen Schlußfolgerung: Noch ist es nicht soweit. Paulus hingegen, allein aufgrund seines Damaskuserlebnisses – im Widerspruch zur Evidenz seiner fünf Sinne und all seiner Lebenserfahrung zum Trotz –, beharrte auf seiner Vision, der gemäß Christus, der erwartete Messias, schon gekommen sei und der neue Äon bereits angebrochen. Dieser unerschütterliche Glaube an seinen Glauben war seine Stärke – und seine große Schwäche zugleich. Ihm entnimmt die ganze Kirche die paulinische Christologie und ihre Heilslehre. Für seinen Überschwang und die Besessenheit mit seiner Heilsbotschaft hatten und haben jedoch viele Juden im christlichen Bereich eine teure Zeche zu bezahlen.

IV. Paulus und sein Volk:
Sind die Juden »Kinder der Verheißung« oder »allen Menschen feind«?

Daß Paulus Jude war, Jude geblieben ist und, der Überlieferung gemäß, in Rom auch hingerichtet worden ist, bedarf wohl kaum der Beweisführung. »Meine Brüder, die Israeliten«, so nennt er in Röm 9,4 alle nicht-Jesus-gläubigen Juden; in Gal 2 rühmt er sich: »Wir sind von Natur Juden und nicht Sünder aus den Heiden.« – »Sie sind Hebräer«, so sagt er von seinen Konkurrenzaposteln, »ich bin es auch! Sie sind Israeliten; ich bin es auch! Sie sind Nachkommen Abrahams – ich auch!« (2 Kor 11,22) Ja, er nennt sich sogar: Judaios Judaioon – ein Judaissimus – also: ein Erzjude, aus dem Stamme Benjamin, wie ja auch sein Name *Schaul* bezeugt – dessen Träger der erste und große König aus jenem kleinen Stamm war. Stolz beruft er sich auf Rabban Gamliel, das Schulhaupt der Pharisäer, zu dessen Füßen er die pharisäische Halacha studiert hatte (Apg 22,3; Gal 1,14), deren Didaktik und Rhetorik in all seinen Briefen durchschimmert.

Letztlich war es seine Gepflogenheit, allwöchentlich am Sabbat in der Synagoge zu beten – genau wie es auch von Jesus vor ihm im Evangelium berichtet wird (Lk 4,16, Apg 17,2). Dort wird Paulus aufgefordert, das Wort zu ergreifen und (z. B. Apg 13,15) gut rabbinisch die Schrift auszulegen (z. B. Apg 17,21) oder den sabbatlichen Lehrvortrag zu halten (Apg 18,4). Dies geschah überraschenderweise auch nach seinem sogenannten »Bruch mit dem Judentum« zu Antiochia (Apg 13) in Pisidien, wo es dramatisch heißt: »Jetzt wenden wir uns an die Heiden!« (Apg 13,46) Und dennoch geht er gleich darauf, wie auf all seinen weiteren Reisen, keineswegs zu den Griechen, sondern immer wieder, als erstes Anliegen, in die Synagogen seiner Brüder. So geschehen in Ikonium, in Thessaloniki, zu Beröa, in Korinth, in Ephesus – und zuletzt auch in Rom.

In den Synagogen traf er auch die »Gottesfürchtigen«, wie

man damals jene Heiden nannte, die dem Götzendienst abgeschworen und die sieben Noachidischen Grundgebote auf sich genommen hatten. Diese Menschen wurden auch vom pharisäischen Judentum als »unterwegs« zum Gott Israel akzeptiert und fanden ihren Platz in den Vorhöfen des Tempels und der Synagogen. Aus dem Neuen Testament geht einwandfrei hervor, daß Paulus regelmäßig zu Juden gepredigt und mit ihnen gestritten und debattiert hat – in all den Synagogen, die er besuchte. Dort fanden auch seine Streitgespräche mit Konkurrenzaposteln aus dem Judentum statt. Nur ein einziges Mal, so erfahren wir aus dem Neuen Testament, habe er vor Heiden gepredigt, und zwar auf dem Aeropag in Athen – wo sein Erfolg recht kläglich war (Apg 17,16–34).

Hier muß erwähnt werden, daß im Mittelmeerraum damals eine spürbare Suche nach einem glaubwürdigen Ein-Gott-Glauben und einer dementsprechenden Religion zu beobachten war. Die Gottesfürchtigen, zu denen also auch unser Freund Paulus sich gesandt fühlte, werden auf circa fünf Millionen Menschen geschätzt! In der Tat – ein lohnendes missionarisches Tätigkeitsfeld. Im Wettstreit um diese Seelen können wir auch den dialogischen Stil im Römerbrief verstehen, wo Paulus mit uns unbekannten Personen, die anscheinend auch missionarisch tätig sind, lebhaft im Zwiegespräch steht: z. B. »Was sagst Du denn dazu? ...«, »Ich aber sage Dir ...«, »Was sollen wir da sagen? ...«, »Ich aber sage Euch! ...« und viele mehr (Röm 3–5). Diese Ausdrücke alle miteinander sind rabbinische *topoi*, die uns aus talmudischen Lehrgesprächen wohl bekannt sind, wo es um Auslegungsfragen der Halacha geht.

Das große Rätsel bleibt aber offen: Warum predigt Paulus zeitlebens, wie geschildert, zu Juden oder zu Gottesfürchtigen – schreibt aber seine Briefe an die Heiden oder an gemischte Gemeinden? Der Spekulation ist kein Ende. Wäre es denkbar, daß im Fahrwasser seiner Missionsreisen sich der Erfolg erst später einstellte, so daß die werdenden Heidengemeinden sich an ihn um Rat wandten? War sein Eindruck bei den Gottesfürchtigen so beachtlich, daß sich die auf dem Weg zum

Mono-Theismus befindlichen Heiden an ihn wandten – und von ihm auch theologische Unterweisungen erhielten?

Den Juden, die Christus nicht anerkennen wollten, bescheinigte er, all seiner Kritik zum Trotz, ihren Eifer für Gott. In Röm 10,2 sagte er über sie: »Ich bezeuge ihnen, daß sie Eifer für Gott besitzen – aber es ist ein Eifer ohne Erkenntnis«, fügt er dann hinzu – ein linkshändiges Kompliment, das sowohl die Judenchristen (Pseudoclementinische Literatur) als auch die Rabbinen (in den Sprüchen der Väter) mit Gusto und Elan mit einer Retourkutsche belohnen. Der »Eifer« (*zälos* auf griechisch) ist das Leitbild, nach dem auch die Zeloten genannt wurden. Eben dieser Überschwang beseelte auch Paulus selbst, wie er zugibt: »Dem Eifer nach war ich ein Verfolger der Ekklesia; der Gesetzesgerechtigkeit nach war ich untadelig« (Phil 3,6). Daß Paulus, wie er behauptet, von einem Verfolger zu einem Anhänger der neuen Gruppe in Damaskus wurde, ist selbstverständlich eine innerjüdische Entwicklung, die damals des öfteren den Unschlüssigen im Lande widerfuhr. Da beide Gruppierungen und viele andere *innerhalb* des sehr zerrissenen zeitgenössischen Judentums verankert waren, hat seine Entwicklung (vom Verfolger zum Angehörigen), sein Judesein keineswegs geschmälert.

Beachtlich ist die Untadeligkeit des jungen Paulus in seiner Torah-Treue (Apg 18,4). Paulus äußert zwar Respekt vor der Torah-Treue seiner Blutsverwandten, beklagt aber zugleich, daß ihre Leidenschaft Gott verkennt und darum das Heilsangebot Gottes in Christus ablehnt (Röm 10,2). Hier irrt unser Bruder Paulus aber! Juden schlagen es nicht prinzipiell aus, wie er meint; sie *warten* eben auf die wahrnehmbare Erlösung, die – wie bekannt – noch immer aussteht. Kein Jude kann vergessen, daß Messias und Messianität urjüdische Begriffe sind, deren Inhalt und Zuversicht genauest in den Worten der Propheten Israels verankert sind. Ein Messias, der geheimnisvoll auftritt und dessen Wirkung unsichtbar ist, erfüllt nicht die Weissagungen des Jesaia, Micha und der anderen. Das war und ist die Schwierigkeit, die so viele daran hindert, an Jesu Messianität zu glauben. Dessen ungeachtet hatte der Rabbi von Nazareth

Tausende begeisterte jüdische Anhänger, die ihn dennoch für den Messias Israels hielten, ja, die ihn deshalb flehentlich aufforderten, sich doch endlich öffentlich als solcher kundzutun! Hätte Jesus nicht solche Jünger zuhauf gehabt, wäre die ganze Botschaft des Paulus nicht möglich gewesen. Denn unter Juden in Galiläa und Jerusalem spielte sich das ganze Drama Jesus bekanntlich ab, und der Jude Paulus traf niemals seinen Heiland auf seinem irdischen Lebensweg.

Paulus war zeitlebens im Zwietracht mit der Urgemeinde zu Jerusalem. Die Juden aber, die nicht an Jesus zu glauben vermochten, blieben für Paulus im Bereich des vorläufigen Unheils – eine Erkenntnis, unter der er sehr gelitten hat. »Brüder, ich wünsche von ganzem Herzen und bete zu Gott, daß sie (die Juden) *gerettet* werden« (Röm 10,1). Was heißt *gerettet* bei Paulus? Keineswegs »getauft« zu einer anderen Religion, und sei es auch das Christentum, nein! Es bedeutet schlicht und einfach dem Hebräischen gemäß: das Heil Gottes, gemäß den prophetischen Zusagen, zu erlangen. Diese Liebe des Paulus war die leidenschaftliche Liebe zum ganzen Israel, »die seine Schritte unermüdlich beflügelte« – aus Angst, Israel könnte das Heil versäumen. »Ich habe einen großen Kummer und ein unabläßliches Weh in meinem Herzen; daß ich wünschte, selber verflucht zu sein, von Christus weg – an die Stelle meiner Brüder, meiner Verwandten nach dem Fleisch« (Röm 9,3f.). Und so kann Paulus auch von der Torah, von den Werken des Gesetzes und von Israel in Tönen des Lobes, der Zuneigung und der Anerkennung sprechen. Auch seine Christologie, seine Adam-Christus-Typologie und die stellvertretenden Sühneleiden seiner »Theologia crucis« stammen ansatzweise aus diversen jüdischen Quellen; wenn auch andere Elemente aus dem Hellenismus und der Gnosis gewiß nicht zu verleugnen sind.

Zwei auffallende Affinitäten beobachte ich in der halachischen Praxis des Paulus, die ihn untrennbar mit den Pharisäern – wahrscheinlich aus der Hillel-Schule – verbinden – all seinen Anti-Nomos-Schelten zum Trotz.

1. Offenheit gegenüber Proselyten und die Erleichterung ihrer Aufnahme ins Judentum.

2. Die Wertung der Taufe als Konversionsakt in das Judentum. Hier ist wichtig zu erwähnen, daß auch bis heute die Taufe als Eintritt ins Judentum verlangt wird – bei Männern nach der Beschneidung und bei Frauen natürlich als einzige Veranstaltung. Es gab jedoch zu Paulus' Lebzeiten eine Schule unter Rabbi Jehoschua ben Chanania, der bereit war, auf die Konversions-Beschneidung zu verzichten, und sich mit dem Taufbad der Proselyten begnügte (Jebamot 46a). So gab es ähnliche Fälle auch schon zu Makkabäerzeiten.

Und dennoch war die Einstellung des Paulus zu Israel – als Volk der Torah – durch einen eigentümlichen Zwiespalt gekennzeichnet. Kein Wunder: Da ja Paulus aufgrund seines Glaubens in einer nachmessianischen Zeit lebte, war es eine stete Anfechtung für sein Selbstverständnis, daß so gut wie alle seine leiblichen Brüder und Schwestern weiterhin vormessianisch lebten – und inbrünstig auf den Erlöser warteten.

Zu den strahlenden Beweisen seiner Selbstüberwindung gehört wohl die Tatsache, daß Paulus diesen quälenden Zwiespalt niemals in Haß überschlagen ließ. Sicherlich fehlt es in seinen Schriften nicht an Ironie, an harter Kritik und an Seitenhieben, aber sein Volk blieb zeitlebens Israel, seine Liebe galt dem *Tanach*, sein Gott war der Gott seiner Väter, sein Messias war ein Jude, und aus Juden allein bestand auch seine Muttergemeinde, in Jerusalem, deren Autorität er sich, wenn auch widerwillig, jahrelang zu beugen wußte. Trotz all seines Christozentrismus bleiben seine geliebten Blutsverwandten die Israeliten – auch nach Ostern. Sie bleiben Glieder des Gottesvolkes und Bundespartner Gottes, denen die Torah, die Gottesbünde, die *Schechina*, die Gottesnähe und alle biblischen Verheißungen weiterhin als gültige und unwiderrufliche Gnadengaben ihres Schöpfer angehören. Auch wenn sie Gott zeitweilig verstockt hat, um den Heiden das Heil zu bringen, bleibt ihnen allen das Endheil gewiß. Paulus sagt nur, sie wurden verstockt, sie wurden als Zweige des Ölbaums »ausgerissen« und sie wurden zum Stein des Anstoßes gemacht – wobei in allen drei Fällen Gott der Urheber ist, der all dies erwirkt – im Rahmen seines weltweiten Heilsplanes für alle Völker. Ihnen, den

42

Juden verheißt Paulus das Heil zu allererst (Röm, 1,16) und auch zu guter Letzt (Röm 11,26). Ja, oft scheint es, als ob die gesamte Heidenmission nur ein Umweg sei, um ganz Israel zu erretten – wohlgemerkt: nicht zu missionieren!! Wenn diese Errettung auch in der Zukunft liegt, so ist diese erlösende Zukunft für Paulus so greifbar nahe, daß der Glanz des göttlichen Erbarmens bereits über das Israel der Gegenwart scheint. Und so sagt er den Heidenchristen in Rom: »So ist Israel *jetzt* ungehorsam geworden, zugunsten des Erbarmens für Euch, damit auch sie *jetzt* Erbarmen finden« (Röm 11,31). Intensive Naherwartung, betonte Solidarität mit seinem Volk und Liebe für die bekehrten Heiden fließen hier zu einer gewaltigen Heilsgewißheit zusammen.

Seither sind zweitausend Jahre vorübergegangen, und die Parusie, der er entgegenfieberte, steht noch immer aus. Paulus irrte also, als er den Thessalonikern voreilig versprach, sie würden mit ihm zusammen die Wiederkunft Christi und die endzeitliche Entrückung erleben (1 Thess 4,17f.) – doch hat auch sein Herr und Heiland sich geirrt: »Ihr werdet mit den Städten Israels nicht fertig sein, und der Menschensohn wird kommen« (Mk 9,1). So versprach es Jesus seinen Jüngern – und dann auch: »Viele, die da stehen, werden den Tod nicht schmecken, bis daß sie das Reich Gottes kommen sehen« (Mk 13,30). Auch wenn so manches anders kam, als Paulus es sich erhoffte, beeindruckt seine Gott-durchdrungene Zuversicht auch in der heutigen ernüchterten Rückschau unserer Generation.

»Ganz Israel wird gerettet werden« (Röm 11,26), so betont er den Heiden in Rom gegenüber, was wie ein Nachhall aus dem Leitsatz der Mischna klingt, wo es zweimal heißt: »Ganz Israel hat Anteil an der kommenden Welt« (Mischna Sanhedrin 10 und Sprüche der Väter I/1). Paulus wiederholt nicht weniger als viermal, daß auch die Nicht-Jesus-gläubigen Juden heilsfähig sind. Vorerst betont er in Röm 9,4, daß alle acht Privilegien Israels, die sogenannten Charismata, einschließlich der Sohnschaft – (und Sohnschaft heißt auf gut rabbinisch: die Erwählung) –, unwiderruflich und daher auch unübertragbar sind. *Hierauf* stellte er die provokante Frage: Hat Gott etwa sein Volk verstoßen? Nur um mit Nachdruck zu antworten: Das sei ferne! (*Me genoito!*) – (Röm 11,1). Weiterhin bestätigt er dieselbe Treue Gottes gegenüber Israel: »Ganz Israel wird gerettet werden« (Röm 11,26). Ebenfalls schärft er den Konvertiten in Rom ein: »Nicht Du trägst die Wurzel, sondern die Wurzel (Israel) trägt Euch« (Röm 11,18).

Daß Paulus so vehement und wiederholt den Heilsanspruch Israels in zwei Kapiteln viermal wiederholt, beweist nach meinem Ermessen zwei Dinge: Erstens, daß Paulus selbst von dieser bleibenden Erwählung seines Volkes felsenfest überzeugt war. Zweitens, daß in den jungen Heidengemeinden sich ein Hochmut breitzumachen begann, der das nachösterliche Israel ausstoßen wollte. Daß Paulus gerade im Römerbrief diese glühende Liebe zu Israel ausdrückt, ist umso wichtiger, wenn wir bedenken, daß es sich hier um seinen letzten Brief – also sein Vermächtnis handelt. Er war wohl auch dazu bestimmt, eventuelle allzu kritische Äußerungen über sein Volk in seinen früheren Briefen (Galater z. B.) ins richtige Licht zu rücken.

Kritik an ihrem Volk seitens Jesus und Paulus wurde und wird von vielen Christen als endgültiges Wort der Verwerfung weiterhin verkündet und bitterernst genommen. Ist es nicht hoch an der Zeit, daran zu erinnern, daß die scharfen Worte der Mahnung und der Schelte seitens der Propheten Israels ein weiterer Beweis ihrer glühenden Liebe zu ihrem Volk waren? Genauso meinten es auch Jesus und Paulus, auf ihre Weise. Hat man je von einer Verwerfung Israels seitens Jesaja, Hosea oder Amos in christlichen Kreisen gehört? Daß ganz Israel »gerettet wird« – wie wir erwähnten – (Röm 11,26), ist und bleibt für Paulus eine heilsgeschichtliche Tatsache. Wie es jedoch bewerkstelligt werden soll, bleibt auch für ihn ein Mysterium Gottes, wie so vieles andere. Jedoch deutet alles auf einen Sonderweg Gottes hin, der als ein Sieg der souveränen Gnade Gottes mit seinem Volk angedeutet wird. Ist dies nicht eine deutliche Absage an die Christen, für alle Zeiten – was die Notwendigkeit oder einen angeblichen Auftrag zur Judenmission betrifft? Wenn die Errettung Israels – nicht die Bekehrung –, die ja auch

Jesaia erwähnt (*Uwa Lezion Goel* Jes 59,20), Gott überlassen ist – wozu dann eigentlich noch das Überheblichkeitsgefühl mancher Christen? (»Kein Heil außer der Kirche«?) Auch Jesus von Nazareth, der Auferstandene sogar, hat seinen Jüngern auf deren brennende, einzige Frage, ob er nun das Reich für Israel errichten würde, geantwortet: »Es steht Euch nicht zu, zu wissen Zeit oder Stunde, welche nur der Vater in seiner Vollmacht bestimmt hat« (Apg 1,7). Auch in dieser Sehnsucht nach Erlösung ist Paulus durch und durch jüdisch geblieben: Im heutigen Israel zum Beispiel häufen sich die »Endzeitberechner«, die auf eine Ankunft des Erlösers stündlich harren – wie Paulus es einst getan hat.

In diesem Moment kann ich nicht umhin, an den großen jüdischen Religionsphilosophen Franz Rosenzweig zu denken, der in einer großen Stunde der Not, 1925, in Frankfurt sagte: »Ob Jesus der Messias war, wird sich endgültig erweisen, sobald der Messias kommt.« In diesem Sinne der messianischen Ungeduld betet jeder gläubige Jude, genau wie Paulus, das *Amida*-Gebet dreimal am Tage mit inbrünstiger Sehnsucht auf die Ankunft des Messias. Ist es nicht an der Zeit, eine Groß-Allianz der messianischen Hoffnung zu gründen, um gemeinsam, in Tat und Gebet, an der Verbesserung dieser Welt mitzuarbeiten? Mit Synkretismus oder Selbstaufgabe hat dies nichts zu tun – wohl aber mit der Vorbereitung der messianischen Zeit, wie sie uns von den Propheten ans Herz gelegt wird!

Zurück zum Römerbrief des Paulus: Während er also die Modalität der Errettung seines Volkes zur Endzeit natürlich dem Weltenherrn überläßt, gibt er dennoch der jungen Heidenkirche einen subtilen Wink mit dem Zaunpfahl, wie solche eine Errettung durch sie selbst gefördert werden könnte. Zweimal heißt es im 11. Kapitel: »Um sie eifersüchtig zu machen« (Röm 11,11 und 11,14). Gemeint ist hierin nach meinem besten Verständnis: ein solches vorbildliches Christsein im Privaten und der Öffentlichkeit vorzuleben, um Israel auf einen solchen Weg der Nächstenliebe und der Gottesliebe aufmerksam zu machen. Leider hat im schillernden Regenbogen der Gefühle und der Reaktionen, die Christentaten in Judenherzen seit fast

45

zweitausend Jahren hervorgerufen haben, Grund zur Eifersucht gefehlt.

Wegen der blutigen Wirkungsgeschichte des Christentums haben sich viele Juden im Laufe der Jahrhunderte vehement von ihrem Bruder, dem Rabbi von Tarsus, abgewandt. Was haben sie ihm nicht alles nachgesagt: daß er achtzigmal die Torah zitiere, lediglich um sie zu entwerten und sie abzuschaffen; daß er sich häufig in seinen Briefen widerspreche – oder die Torah falsch zitiere; daß er die Erbsünde in der Genesis-Geschichte erfunden habe – da das Wort Sünde bekanntlich bei Adam und Eva nicht wörtlich vorkommt –, um sie durch ein Menschenopfer zu entsühnen; daß er »allen alles« geworden sei, »um einige zu retten«, wie es im 1 Kor heißt (9,22). Das Schwerstwiegende mag vielleicht der Gedanke sein, daß er den Schöpfungsoptimismus aus Genesis, daß nämlich der Mensch gut sein könne, in einen hellenistischen Pessimismus verwandelte, der sagt, daß der Mensch zu sündig und zu schwach von Natur aus sei, um sich der Erlösung würdig zu erweisen! Dies widerspricht dem Judentum, das natürlich alle von der Gnade Gottes abhängig weiß – aber die tägliche Mitarbeit am Heilswerk als unverzichtbar erachtet.

Was das stellvertretende Sühneleiden Jesu von Nazareth betrifft, hat auch dieses natürlich jüdische Wurzeln, und zwar in Jes 53, bei den Makkabäern und anderswo. Nachdenklich stimmt uns jedoch einer der eingestifteten Unterschiede zwischen Judentum und Christentum: Die Bindung Isaaks (nicht Opferung – wie sie fälschlicherweise so häufig in christlichen Texten verkündet wird) soll seine Opferung als Versuchung des Abrahams berichten. Geopfert aber darf er zu guter Letzt *nicht* werden – als Signal für die von Gott gebotene Beendigung aller Menschenopfer. Bei Jesus hingegen schildert uns Paulus die Liebe Gottes gerade in der Tatsache, daß er seinen einzigen Sohn ja opfern läßt. Über diesen Punkt könnten wir – anhand der jüdischen Mystik und deren Quellen noch so manches Kapitel füllen (Röm 8,32: Gott, der seinen eigenen Sohn *nicht* geschont, sondern ihn für uns alle hingegeben hat). Für heutige Juden, die Jesus und Paulus mit großem Interesse als Teil ihrer eigenen Volksgeschichte erachten, fällt auf, daß Jesu freiwillige Hingabe für seine jüdische Bewegung und seinen Gott bereits in Gethsemane begonnen hat und bewußt in Golgatha, und zwar freiwillig, ihren Höhepunkt fand.

Eines bleibt, was Paulus betrifft, auch nach zweitausend Jahren kristallklar: Diesem Mystiker, Fanatiker und Einzelgänger gelang etwas, in einem Ausmaß, das weder die Propheten noch die Pharisäer erreicht hatten: den Glauben an den Gott Israels bis an die vier Enden der Erde zu verbreiten. Daß diese Verbreitung von seinen Nachfolgern oft mit Feuer und Schwert vorgenommen wurde, können wir ihm nicht anlasten. Letzlich aber ist es ihm zu verdanken, daß der Ein-Gott-Glaube das Abendland erobern konnte. Keine Entgleisung, keiner der unverschwiegenen Unterschiede, die mich von Paulus trennen, vermögen diesen Ruck vorwärts in der Heilsgeschichte, die als »präparatio messianica« zu werten wäre, zu schmälern oder gar zu beeinträchtigen.

Wer also ist dieser Paulus aus gläubig jüdischer Sicht? Er ist weder ein Antijudaist noch ein Apostat, Ausdrücke, die ihm das Entsetzen beigebracht hätten. Auf seine Weise blieb er ein gläubiger Jude und Missionar seiner Heilslehre – vor allem aber ein Held des Glaubens: nicht im Sinne jener lauwarmen, rationellen *Pistis* der Philosophen, sondern der Weißglut der hebräischen *Emuna*, die aus einer messianischen Vision einen Sendungsauftrag vernimmt, dem er sein ganzes Leben weiht. Daß er aber oft rücksichtslos jüdische Glaubenstraditionen öffentlich und grausam verletzt hat, darf in der heutigen Rückschau nicht verschwiegen werden. Seine brennende Sehnsucht blieb die Verbreitung des Monotheismus – mit Jesus von Nazareth als dem Messias. Dies sind die Wurzeln der Kirche – der aber ihre weitere Entwicklung unbenommen bleiben soll. Hätte Paulus seinen Messias nicht als Sohn Gottes im griechischen Sinne (wohlgemerkt, im Gegensatz zum jüdischen Sohn Gottes!) verkündet – wäre die von ihm gegründete Ekklesia jüdisch geblieben und er wäre wahrscheinlich als großer Reformator in die Geschichte des Judentums eingegangen. All dies aber sind Sandkastenspiele, denn wer kennt die Wege Gottes? Wäre der

Tempel im Jahr 70 nicht zerstört worden – vielleicht wäre die Heidenkirche dann insgesamt eine Judenkirche mit Jesus als Messias geworden? Denn ein von einer jüdischen Mutter geborener und Jude gebliebener, sich als Messias verstehender Rabbi ist als solcher kein Stein des Anstoßes für das Judentum (auch wenn er auferstanden ist). Das Auseinandergehen der Wege zwischen Juden und Christen – woran Paulus nicht unschuldig ist – hat seine historischen Gründe, die mit der Unterdrückung seitens der Weltmacht Rom zusammenhängen und nach dem Jahr 135 zum endgültigen Bruch führten. Je stärker ein Baum in seinem Erdreich verwurzelt ist, um so höher und gesünder ist seine Krone, um so weiter reichen seine Äste und Zweige auf allen Seiten hin, so lehren die Rabbinen. In unserer Zeit der Glaubenskrise wäre es vielleicht für die Kirche hilfreich, sich intensiver auf ihre jüdischen Wurzeln zu besinnen! Es könnte einigen ihrer welkenden Äste zu neuer Blüte verhelfen. Wer weiß?

V. Fehldeutungen und Übersetzungsfehler bei Paulus selbst und bei seinen Auslegern

1. Sind Übersetzungsfehler heilig?

Kann man die Bibel überhaupt in Fremdsprachen übersetzen? Mit dieser Problematik haben sich die besten Dolmetscher seit den Zeiten der Septuaginta im dritten vorchristlichen Jahrhundert auseinandergesetzt. Ist es möglich, der ganzen Aussagekraft der Heiligen Schrift in Fremdsprachen gerecht zu werden? Hier gilt es zunächst zu unterscheiden:

Das sogenannte Alte Testament ist uns in seinem hebräischen Original (mit einzelnen aramäischen Passagen) überliefert. Die Evangelien sind die Übersetzung einer Übersetzung. Wieso? Ihr Grundtext wurde gelebt, gelehrt, gebetet und gepredigt im Lande der Juden und in den Muttersprachen Jesu: Aramäisch für den Alltag und Hebräisch für Gebet und Theologie. Erst Jahrzehnte später wurden diese Überlieferungen von Endredaktoren in holpriges Griechisch übersetzt. Die deutschen Bibelausgaben fußen auf dieser Tradition. Die Paulusbriefe sind im Original natürlich in dem ihm geläufigen Griechisch verfaßt, fußen aber auf seiner Hebräischen Bibel und seiner pharisäischen Erziehung und Denkweise. Die Nahtstellen zwischen diesen Strängen und den griechischen Einflüssen seiner Diaspora-Umgebung sind dem Kenner nach wie vor klar ersichtlich.

Doch wie steht es um die Kunst der Bibelübersetzung? Jede Übersetzung übt Ersetzung – das ist die traurige Faustregel, mit der wir leben müssen. Denn keine zwei Sprachen auf Erden sind deckungsgleich in ihrem Sprachschatz, ihrer Mentalität und Ausdrucksweise. Kein Wunder, daß die Italiener das Sprichwort *Traduttore – Traditore* geprägt haben, das jeden Übersetzer zum Verräter stempelt – entweder gegenüber der Grundsprache oder gegenüber der Zielsprache. Voltaire drückte dieselbe Binsenwahrheit etwas eleganter aus: »Jeder, der ein Meisterwerk der Weltliteratur in einer Übersetzung – und sei sie auch die beste – liest, gleicht dem, der ein Rendezvous mit einer schönen Frau verabredet, aber des Abends mit ihrer häßlichen Schwester ausgeht.« Martin Luther hat dieselbe bittere Lektion erlernt, indem er schreibt: »Wir mühen uns jetzt ab, die Propheten zu verdeutschen. Was ist das doch für ein großes beschwerliches Werk, die hebräischen Erzähler zu zwingen, Deutsch zu reden. Wie sträuben sie sich, ihre hebräische Ausdrucksweise zu verlassen, um sich dem groben Deutsch anzupassen – gleich als ob man eine Nachtigall zwänge, ihren melodischen Gesang aufzugeben und den Kuckuck nachzuahmen, dessen eintönige Stimme sie verabscheut.« (Aus einem Brief vom 14. 6. 1528 an Wenzeslaus Link.) An anderer Stelle klagt der Reformator: »Die Ebräische Sprach ist die allerbeste und reichste in Worten, und rein, bettelt nicht, hat ihre eigene Farbe, so daß es ihr keine nachtun kann ... Wenn ich jünger wäre, so wollte ich diese Sprache erlernen, denn ohne sie kann man Die Schrift nimmer mehr recht verstehn. Denn das Neue Testament, obs wohl Griechisch geschrieben ist, doch ist es voll von Ebraismis und ebräischer Art zu reden. Darum haben sie recht gesagt: Die Ebräer trinken aus der Bornquelle; die Griechen aus den Wässerlin, die aus der Quelle fließen; die Lateinischen aber aus den Pfützen.« (Tischreden WA I S. 524f.) Ich bin nicht immer einer Meinung mit Martin Luther; hier aber schließe ich mich seiner Folgerung an.

Der lieben Ausgewogenheit zuliebe darf ich nun die jüdischen Meisterübersetzer unseres Jahrhunderts zu Wort kommen lassen. Martin Buber stellte sich in den zwanziger Jahren in Frankfurt die schwere Aufgabe, das Alte Testament neu zu verdeutschen. Er war sich der grundsätzlichen Unerfüllbarkeit der Aufgabe bewußt, aber sah zugleich ihre Notwendigkeit ein, »wenn Die Schrift wieder zum Sprechen kommen soll«. Franz Rosenzweig war überzeugt, daß das Übersetzen dem Dienen zweier Herren gleichkomme – also könne es niemand. Auf Drängen Bubers nahm er dennoch am Unterfangen der Verdeutschung teil. Als die ersten zwei Bücher Mose druckreif waren, rief er mit Genugtuung aus: »Sie ist ja erstaunlich Deutsch geworden, unsere Übersetzung! Luther klingt dagegen fast Jiddisch!«

Diesen Exkurs in die Übersetzerstuben mußte ich vornehmen, um auf die Wichtigkeit der Bibelübertragung hinweisen zu können. So mancher Christ ist der Meinung, es handele sich hier um Spiegelfechtereien, oder gar um die Anfechtung des überlieferten heiligen Textes. *Sind denn Übersetzungsfehler heilig?* So lautet meine Gegenfrage. Mit Zensur von Heiligen Schriften oder der Verunsicherung der Gläubigen hat mein Anliegen nichts zu tun. Ganz im Gegenteil! Es geht um die Abräumung von unnötigem Geröll und Überlagerungen, um eine Annäherung an Jesu Sitz im Leben und an seine ursprünglichen Anliegen und Aussage-Absichten zu fördern.

Meine Bemühung gilt dem Abbau von Feindbildern und Vorurteilen gegenüber Juden und Judentum insgesamt, die durch Fehlübersetzungen und Mißdeutungen tradiert wurden und werden. Das Neue Testament ist nämlich an sich nicht antijüdisch. Wie könnte es, da es sich doch um ein inner-jüdisches Geschehen handelt, bei dem Glaubensstreit und Flügelkämpfe zur Tagesordnung gehörten. Es wurde zunächst von Juden, für Juden über Juden erlebt und tradiert. Die häufigen internen Streit- und Lehrgespräche wurden später aber kanonisiert und aus ihrem lebendigen Zusammenhang herausgerissen. Sie erhalten nachträglich (in der griechischen Endredaktion) einen antijüdischen Beigeschmack – *wenn* man die Texte verkündet, ohne im Geist in das Zeitalter, die Sprachen, das Glaubensgut und die politischen Umstände im Lande Israel zurück zu steigen.

Als Beispiel sei mir gestattet, auf die Katholische Einheitsübersetzung (1980) des Alten Testaments hinzuweisen. Dort heißt es zum Beispiel, daß »die fünf Festrollen (Ruth, Esther, Hohelied, Kohelet und Sprüche) an bestimmten Festen in der Synagoge gelesen *wurden*« (S. 517); daß die Juden das »Büchlein Ruth vorzulesen *pflegten*« (S. 517); und daß »die Vorschriften (des Buches *Leviticus*) durch das Neue Testament überholt sind« (S. 188). Diese Vergangenheitsformen stimmen samt und sonders nicht, weil diese Texte nach wie vor zum gängigen jüdischen Ritus gehören. Diese Stellen sind leider keine Einzelfälle. Erinnern sie nicht auch an das christliche Klischee des sogenannten »Spätjudentums«, das als Bezeichnung für das nachbiblische Judentum hierzuland landläufig ist? Sind derartige Bibelkommentare nicht als Totschreiben des Judentums zu verstehen?

Nun zurück zu Paulus und seinen Übersetzungsfehlern, sowie den Fehldeutungen, die ihm später durch andere in die Feder gelegt wurden. War Paulus ein Antisemit? So wird oft gefragt. Gehörte er etwa zu den Gründern des kirchlichen Antijudaismus? Kein objektiver Leser der Paulusbriefe kommt um diese Frage herum, wenn er zur Kenntnis nehmen muß, daß »die Juden Jesus getötet haben; daß sie Gott nicht gefallen und den Menschen feind sind« (1 Thess 2,15); daß »Israel verstockt« sei (Röm 11,25) und der »Verwerfung« preisgegeben wurde (Röm 11,15).

Hat also Ernst Käsemann recht, wenn er schreibt: »Der eigentliche Gegner des Paulus ist der fromme Jude« (Paulus und Israel, Tübingen 1964, S. 194). Ist etwa Rudolf Bultmann zuzustimmen, der lehrte, daß »die Juden als solche die Repräsentanten der gottfeindlichen Welt seien«? (Johanneskommentar 1971, zu Joh 8,44, S. 193). Ich bin überzeugt, daß beide Aussagen aus der Polemik des Auseinandergehens der Glaubenswege von Juden und Christen stammen und dem wahren Sachverhalt nicht entsprechen. Dennoch aber bleibt die Frage offen: Sind die Quellen des Antijudaismus im Neuen Testament zu finden? So wird heutzutage im christlich-jüdischen Dialog immer wieder gefragt. Ulrich Wilckens, evangelischerseits, gibt z. B. folgende Antwort: In einer Studie über »Das Neue Testament und die Juden« (in »Evangelische Theologie« Nr. 34, 1974, S. 610f.) behauptet er, daß »die antijudaistischen Motive im Neuen Testament christlich-theologisch essentiell seien«. Andere Stimmen vertreten die Meinung, das Neue Testament sei eine Urkunde des Übergangs von einer jüdischen Jesus-Bewegung zu einer weltumfassenden Heidenkirche und beinhalte als solche die unvermeidliche Polemik des Auseinandergehens der Glaubenswege der jungen Kirche und ihrer Mutter, der Synagoge. Kurzum, die Frage bleibt bis heute weitgehend umstritten.

Unumstritten jedoch bleibt die Tatsache, daß in einer Reihe von Fällen mittels zur Tradition gewordener Fehlübersetzungen eine judenfeindliche Tendenz in den Kirchenkanon hineininterpretiert worden ist. Mit Genugtuung darf festgestellt werden, daß im Laufe der letzten Jahre hier bereits etliche Korrekturen von den beiden Großkirchen veranlaßt worden sind. Dennoch läßt so manches in den jüngsten Bibelübersetzungen zu wünschen übrig. Angesichts der Wichtigkeit der Paulinischen Briefe für die christliche Theologie lassen Sie mich jetzt einige gravierende Beispiele von Fehlleistungen der Übersetzung oder Interpretation unter die Lupe nehmen.

2. Die »Feinde Gottes«

Paulus schreibt im Römerbrief über die Juden: »Im Blick auf das Evangelium sind sie zwar Feinde um Euretwillen; aber im Hinblick auf die Erwählung sind sie Geliebte um der Väter willen« (Röm 11,28). Die Luther-Ausgabe des Neuen Testaments von 1975 hingegen bringt folgende Änderung – die im Original-Luthertext nie vorhanden war: »Im Hinblick auf das Evangelium sind sie (die Juden) zwar *Feinde Gottes* ...« Die Ungeheuerlichkeit dieser Unterstellung, aus heiterem Himmel, daß die Juden Feinde Gottes seien, muß man sich erst einmal vergegenwärtigen! Was heißt es eigentlich, daß »die Juden Feinde um Euretwillen« seien? Diese Aussage will darauf hinweisen, daß ohne die Ablehnung des Evangeliums seitens eines Großteils der damaligen Juden die Botschaft wahrscheinlich nicht in die Welt hinaus getragen worden wäre. Also ist es von Gott so gewollt und konstitutiv für die christliche Heilsgeschichte. Der Begriff *Feinde* ist ungenau aus dem Hebräischen übersetzt: Es handelt sich um »Nicht-Liebe« – oder: *Hintan-setzen*. Von »Feinden« des Evangeliums kann also gar nicht die Rede sein. Ähnliche Übersetzungsfehler finden wir in den Evangelien.

Dort sagt z. B. Jesus: »Wenn jemand zu mir kommt und *haßt* nicht seinen Vater und seine Mutter und seine Frau und seine Kinder ... der kann nicht mein Jünger sein« (Lk 14,26). Wie paßt das zur Nächstenliebe, ja, sogar zur Feindesliebe? Auf Hebräisch ist der Fall klar: Jesus warnt alle Bewerber und macht sie auf die bevorstehenden Nöte aufmerksam. *Hassen* heißt nämlich in der Hebräischen Bibel häufig lediglich »weniger lieben« oder »geringer schätzen«. Also: Wer die Last des Apostolats auf sich nimmt, kann seiner Familie notwendigerweise von nun an weniger Hingabe widmen als der Jüngerschaft. So daß Jesus, durch diese Übersetzungskorrektur, nichts Unmenschliches von seinen Freunden verlangt – doch so klingt es in der deutschen Übersetzung. Ähnliche Fälle gibt es viele. So sagt Jesus zum Beispiel: »Wer sein Leben in dieser Welt *haßt*, der wird es zum ewigen Leben bewahren« (Joh 12,25). Will der Menschenfreund Jesus etwa Schizophrenie und Selbstzerrissenheit empfehlen? Mitnichten! Hebräisch verstanden fordert er Distanzierung von jedweder Egozentrik und mehr Mitmenschlichkeit – die zum Lohn in der kommenden Welt führe.

Zurück zu unserer Römerbrief-Stelle (»Feinde Gottes«), die besagen will: Hätten die Juden das Evangelium in toto angenommen, wäre die Frohe Botschaft wahrscheinlich eine innerjüdische Offenbarung geblieben, ohne je die Außenwelt zu erreichen. Das jüdische *Nein* zum Evangelium – und um das geht es hier – wird von Paulus als Teil des göttlichen Heilsplans verstanden. Derselbe Gedankengang, der der jüdischen Nicht-Annahme einen heilsnotwendigen Sinn gibt, hallt deutlich wieder auch in Röm 11,11; 11,15 und 11,19–21. Daher sind, laut Paulus, die Juden nicht »verstockt«, sondern »verstockt worden« (Röm 11,7), was Gott zum Urheber ihrer sogenannten »Verhärtung« macht. Und nun kommt im Jahre 1975 die Ungeheuerlichkeit der Hinzufügung der Vokabel *Feinde Gottes* – die nicht einmal Martin Luther, geschweige denn Paulus von Tarsus – je geschrieben haben! Wie ist dieser Vorgang in der 2. Hälfte des 20. Jahrhunderts zu verstehen?

Von christlicher Übersetzer-Behörde wurde mir gesagt: »So

hat es Paulus eigentlich gemeint!« Diesen direkten Draht in die himmlischen Gefilde seitens der Dolmetscher würde ich mir auch wünschen! Falsch ist aber ihre grauenvolle Unterstellung allemal. Sie wurde auch in der nächsten deutschen Luther-Übersetzungs-Revision 1984 wieder eliminiert. Gott-sei-Dank sind die Juden also in diesem Fall nicht mehr Feinde Gottes. In der katholischen Einheitsübersetzung von 1988 steht dieser grobe Fehler leider noch immer! Solche gravierenden Fehlleistungen gibt es leider zuhauf. Es sei mir daher gestattet, auf mein Buch IST DIE BIBEL RICHTIG ÜBERSETZT? (Gütersloher Taschenbuch 1415) in diesem Zusammenhang hinzuweisen.

3. Ist Israel »gestrauchelt« oder »gefallen«?

In Röm 11,11 stellt Paulus die rhetorische Frage: »Sind sie (Israel) etwa gestrauchelt (auf griechisch: *paraptome*), damit sie zu Fall kommen?« Er selbst verneint diese Möglichkeit mit Nachdruck: »Das sei ferne!« Was tun die meisten deutschen Übersetzungen – mit Martin Luther? Anstatt *straucheln* heißt es: *fallen*! Oder: *stürzen*! Der Unterschied ist gewaltig: Vom Fall oder vom Sturz kann sich der Betroffene kaum, oder nur sehr schwer wieder aufrichten, wie etwa: Der Fall von Jerusalem; oder der Fall des Römischen Reiches. Im Begriff »Straucheln« hingegen ist von vornherein der Gedanke einer baldigen Erholung und Wieder-Aufrichtung enthalten.

4. Schuld der Septuaginta?

Von den 82 Zitaten, die Paulus aus der Hebräischen Bibel bringt, stimmen rund 30 mit der Septuaginta überein; 36 weichen beträchtlich von ihr ab; 12 Zitate weisen wesentliche Sinnveränderungen auf; der Rest besteht aus äußerst freien Paraphrasen, die kaum dem Sinn, geschweige denn dem Wortlaut des Originals entsprechen. Für sie gilt wohl das Paulus-Wort:

»Alle sind sie abgewichen« (Röm 3,12). Wie können wir diesen Vorgang heute verstehen? Paulus hatte auf seinen Missionsreisen sicherlich keine Bibliothek mit sich, und so sind ein Teil der Falsch-Zitate wohl als Gedächtnis-Lücken zu verstehen. In anderen Fällen merkt man jedoch die Absicht – und man ist verstimmt –, indem er seine Auslegung bereits in das Zitat hineinbaut. Darf ich hier unseren Bruder Paulus selbst zitieren: »Wenn aber die Wahrheit Gottes durch meine Lüge herrlicher wird, zu Seinem Preis, warum sollte ich dann noch als ein Sünder gerichtet werden?« (Röm 3,7) An ähnlichen markigen Stellen fehlt es bei ihm keineswegs: »Wenn auch ein Engel vom Himmel Euch würde ein anderes Evangelium predigen, als wir Euch gepredigt haben, der sei verflucht« (Gal 1,8).

Die sogenannte Übersetzung der Septuaginta wurde, der Tradition gemäß, von 72 jüdischen Schriftgelehrten in Alexandrien um 270 vor der Zeitrechnung vom Hebräischen Original ins Griechische übertragen. Die damalige jüdische Diaspora im hellenistischen Kulturbereich war des Hebräischen nicht mehr mächtig genug, um die Biblische Botschaft unmittelbar aus deren Quellen zu schöpfen. Diese Übersetzung genoß von Anfang an (und genießt bis heute) bei Nicht-Juden, und später insbesondere bei den Christen, einen wesentlich höheren Stellenwert als bei Juden. Leider krankt sie an zahlreichen, manchmal schwerwiegenden Fehlübersetzungen. Es bleibt offen, ob dies der noch nicht entwickelten Übersetzer-Kunst, der geistigen und räumlichen Entfernung von Jerusalem – oder gar dem unterschwelligen Wunsch der Übersetzer, sich dem Geist der griechischen Umwelt anzupassen, zuzuschreiben ist. Ein allegorisches Wort der Rabbinen in Jerusalem besagt: Der Tag, an dem die Septuaginta vollendet wurde, schmerzt Israel wie der Tag der Tempelzerstörung.

Die oft gravierenden Fehlübersetzungen in der Septuaginta förderten die damalige Assimilation und schwächten wahrscheinlich die Bande zwischen den Gemeinden im Heiligen Land und der blühenden Alexandrinischen Diaspora. Im späteren, werdenden Christentum bezogen sich die Kirchenväter stets auf diese Übersetzung, in der sie oft willkommene Schützenhilfe für ihre häufig vom Alten Testament abweichlerischen Theologumena fanden. Stellvertretend für viele andere Fehler sei die Übersetzung der bekannten *Alma* = Junge Frau aus Jesaia 7,14 erwähnt, die in der Septuaginta zur inzwischen weltberühmten *Parthenos* = Jungfrau verjungfert worden ist.

Von unserem Bruder Saul von Tarsus, dem Schüler Gamaliels, dürfte man eigentlich erwartet haben, daß er sich häufiger auf das Hebräische Original seiner Bibel bezogen hätte, in der Annahme, daß ihm die Mankos der Septuaginta wohl bekannt waren. Es mag allerdings verlockend für ihn gewesen sein, aus der längst populären leichter adaptierbaren, den Heiden eher »auf's Maul« schauenden Septuaginta zu zitieren, als mühselig selber aus der Hebräischen Bibel, dem *Tanach*, zu übersetzen.

5. Der »Same Abrahams«

Typisch für viele Quasi-Zitate, die Paulus häufig für seine eigenwillige Argumentation zurechtbiegt, ist Gal 3,16, wo er beweisen will, daß die Verheißung an Abraham sich einzig und allein auf Jesus bezieht. Dort schreibt er: »Nun ist die Verheißung Abraham zugesagt und *seinem* Nachkommen; es heißt nicht: und *den* Nachkommen, als gelte es vielen, sondern es gilt *einem*: ›und *Deinem* Nachkommen‹, welcher ist Christus.« Hier muß man natürlich zur Bezugsstelle zurückgehen – nämlich zur hebräischen Quelle in Gen 22,17. Dort aber steht genau das, was Paulus nicht in den Kram paßt: »*Sera* Abraham« – was ein hebräisches ›singulare tantum‹ ist, also für das *gesamte* Geschlecht, oder die *ganze* Nachkommenschaft in toto gedacht ist! Will Paulus hier Israel aus der Nachkommenschaft Abrahams ausschließen, und sie unmittelbar und einzigartig auf seinen Heiland einschränken?

Von Petrus hören wir ganz andere Töne: Seine Mitjuden in Jerusalem nennt er ausdrücklich »Söhne der Propheten und des Bundes«, denen allesamt eben diese Verheißung gilt, die einst an den Stammvater erging (Apg 3,25) und ferner: »Und in Deiner Nachkommenschaft (gemeint ist Abraham) werden alle

Geschlechter der Erde gesegnet werden« (Gen 22,18 = Apg 3,25). Doch Paulus widerspricht – zum Glück – sich sogar selbst, und zwar in Röm 9,7. Dort hat er den hebräisch richtigen Sinn von *Samen* verwendet – nämlich – als Isaak's (der Sohn Abrahams) gesamte Nachkommenschaft, und zwar: ganz Israel, das Paulus »die Kinder der Verheißung« nennt. In Röm 11,1 erreicht Paulus die Spitze seines Selbst-Widerspruches, indem er auch von sich selbst bezeugt, »ein Israelit aus dem Samen Abrahams« zu sein – wie auch Jesus einer war – womit er völlig recht hat.

6. Sind Märtyrer verflucht?

Eine beschämende, verunglimpfende Fehlübersetzung leistet sich Paulus in Gal 3,13, wo er Dt 21,23 falsch wiedergibt. Auf Hebräisch heißt es im Alten Testament (*Tanach*): *Killelath Ha-Schem Talui*. Das heißt: »Jeder am Holz Hängengelassene kommt einer Verfluchung Gottes gleich.« Gemeint ist dabei, daß jeder Mensch ein Ebenbild Gottes ist und bleibt – auch falls er hingerichtet wurde. In den Worten Raschis, des bedeutenden Bibelkommentators, zur Stelle heißt es: »Denn eine Lästerung Gottes ist ein Aufgehängter. Es ist eine Geringschätzung Gottes, denn der Mensch ist in Seinem Ebenbild geschaffen.« Hier ist die Rede von der Bestattung der vielen Märtyrer, die oft von den Römern tagelang als abschreckendes Beispiel den Aasgeiern preisgegeben wurden. Bis heute ist es heiliges Gebot, Tote – Märtyrer, jeden Sterblichen, ja auch den Feind – noch am Tage seines Todes würdig zu bestatten. Das galt insbesondere zu Jesu Zeiten – wo die Römer bekanntlich Tausende von jüdischen Blutzeugen an ihren Kreuzen verbluten ließen. Deshalb erbat Joseph von Arimathea »ein angesehener Ratsherr« (Mk 15,43) den Leichnam Jesu von Pilatus und ließ ihn liebevoll vom Kreuze abnehmen, um ihm ein würdiges jüdisches Begräbnis in seiner Familiengruft zuteil werden zu lassen. Eile war geboten, nicht nur wegen des nahenden Sabbaths, sondern vor allem gemäß der rabbinischen Vorschriften (M. Sanhedrin 6,4) für damalige Kreuzabnahmen: »Man löst ihn gleich wieder (vom Holze) ab, da es eine Sünde wäre, wenn er über Nacht hängen bliebe – denn es steht geschrieben: ›... seine Leiche soll nicht am Kreuz übernachten, sondern begraben sollst Du ihn am selben Tage, denn eine Entwürdigung Gottes ist ein Gehängter‹« (Dt 21,23). Was tut Paulus? Er übersetzt das in Gal 3,13 folgendermaßen: »Verflucht ist jeder, der am Holze hängt« – will sagen: Die Hebräische Bibel (Dt 21,23) gibt angeblich die Märtyrer ihres Glaubens – oder jeden im Ebenbild Gottes geschaffenen Menschen – im Tode des Erhängens oder des Kreuzes dem Fluche Gottes preis! Mit dieser Fehlübersetzung will Paulus seine Kreuzes-Theologie untermauern, indem Jesus den angeblichen »Fluch des Gesetzes« durch seinen Sühnetod getilgt habe. Auf diesen wichtigen Punkt komme ich später noch zurück.

7. Israeliten, die nicht von Israel sind?

Hier sei die Rede wieder einmal von einer entstellenden Fehlübersetzung Luthers, die Paulus bestimmt im Original seinem Volk nicht zugemutet hätte. In Röm 9,3–4 schreibt Paulus: »Ich wünsche selbst verflucht, von Christus getrennt zu sein, zum besten meiner Brüder ... sie sind ja Israeliten ...« Doch Luther übersetzt falsch – was erst in der Übersetzungsrevision von 1984 korrigiert wurde: »Die *von* Israel sind.« Woher kommt das kleine Wort »*von*«? Paulus kennt es nicht! Es wurde aus Vers 9,6 desselben Kapitels hineingeschoben. Dort heißt es: »Denn nicht alle, die *von* Israel herkommen, sind Israeliten.« Er will also sowohl Esau als auch Ismael von der Nachfolge des Bündnisses Abrahams, Isaaks und Jakobs ausschließen – obwohl Esau und Ismael in der Bibel natürlich ihren eigenen Sonder-Segen von väterlicher Seite erhalten haben. Seit eh und je aber gab es Christen, die aus dieser Fehlübersetzung folgerten: Wir, die Christen, sind nun das wahre, neue Israel, und die Juden gehören eigentlich nicht mehr dazu. Hier ist eine nahtlose Verbindung zu der oben erwähnten Falsch-

Übersetzung des *Samen* Abrahams, als nur auf Jesus bezogen, zu sehen. Paulus dagegen betont (siehe oben): »Diese da sind Israeliten« – womit er unterstreichen will, daß auch jene Juden, die nicht an Jesus als Erlöser glauben, weiterhin Israeliten bleiben. Diese Bezeichnung »Israeliten« störte Martin Luther, so scheint es, so daß er sie durch »die von Israel sind« ersetzt – um so, mittels Vers 9,6 die »Enterbungs-Theorie« Israels durch die Kirche – wie viele Kirchenväter sie geprägt haben – mit Vehemenz zu fördern. Die hier auftauchende merkwürdige Dichotomie im Kirchenvokabular zwischen: Jude, Israelit, von Israel, wahrer Israelit und Hebräer stimmt unsereinen doch recht nachdenklich – besonders wenn man an »Das neue Israel« denkt. Im ganzen Neuen Testament aber gibt es kein »Neues Israel« – während die Kirche jahrhundertelang durch dieses angemaßte Selbstverständnis die Juden zu einem nicht mehr lebensfähigen Fossil entwürdigt hat – wie auch der christliche Begriff des *Spätjudentums* illustriert. Angesichts der Zählebigkeit und der Beliebtheit älterer Luther-Übersetzungen muß noch immer auch auf solche, gängige, folgenschwere Übersetzungsfehler hingewiesen werden.

8. Ist Israel verworfen?

Die klassische Belegstelle für alle christlichen »Straftheologen«, die pauschal das Gesamt-Israel nachösterlich profanisieren oder paganisieren wollen, um über dem Bundesvolk ihren Richterstab zu brechen, steht in Röm 11,15: »Denn wenn *ihre Verwerfung* der Welt Versöhnung ist, was wird ihre Annahme anderes sein, als Leben aus den Toten.« So übersetzt Martin Luther, und ihm folgten so gut wie alle Bibelübersetzer. Karl Barth sagt zur Stelle, daß »die Wegwerfung der Juden die Versöhnung der Welt war« (Kommentar zum Römerbrief, 1921 zur Stelle). Die Katholische Einheitsübersetzung schreibt im Text: »Denn wenn schon *ihre Verwerfung* für die Welt Versöhnung gebracht hat, dann wird ihre Annahme nichts anderes sein als Leben aus dem Tod« (Stuttgart 1980, zur Stelle).

Steht das im Römerbrief, aus der Feder Paulus', des Benjaminiten? Weit gefehlt! Wir haben es schon wieder mit einer entstellenden Hineinlesung oder Fehlübersetzung zu tun. Kann doch Paulus in Röm 11,1 die rhetorische Frage stellen: »Hat Gott etwa Sein Volk verstoßen?« – nur um sie mit Nachdruck zu verneinen!! Wird er dann 14 Verse später selbst behaupten, Israel sei, in der Tat, verworfen worden? Die Frage erübrigt sich, angesichts der Häufigkeit der paulinischen Beteuerungen, noch im selben Kapitel, wie etwa: Israel, so sagt er, sei nicht verstoßen (11,1–2); es sei in seiner Gänze heilig (11,16); und die Juden blieben weiterhin »die Geliebten Gottes« (11,28), deren Berufung nicht rückgängig gemacht werden könne (11,29). All dies widerspricht nicht nur ihrer angeblichen »Verwerfung«, sondern straft auch die Notwendigkeit ihrer »Annahme« Lügen. Wer nicht verworfen ist und Gottes Partner bleibt – braucht der eine »Annahme«?

Der Respekt vor Paulus und der gesunde Menschenverstand – der auch eine Gabe Gottes ist – fordern daher eine Überprüfung von Text und Übersetzung. Und siehe da: Der griechische Original-Wortlaut ergibt eine andere Deutung, die sowohl inhaltlich wie auch grammatikalisch hieb-und-stichfest ist: Die Schlüsselworte ›*Apobole auton*‹ wären, richtig übersetzt also: »*Ihr Verwerfen*« und nicht »ihre Verwerfung«. Die zweite Gruppe, nämlich: ›proslempsis‹ wäre, richtig übersetzt: »ihr künftiges *Annehmen*« und nicht: »ihre Annahme« (als: ihr Angenommen-werden). Also: Wenn schon die Verwerfung Jesu als Messias durch die Juden den Heiden die Versöhnung bringen konnte (mittels des Hinaustragens der Botschaft in die Heidenwelt, wie oben geschildert) – um wieviel mehr wird dann die künftige Annahme des Parusie-Messias durch dieselben Juden allen zum Segen gereichen. So gibt es der griechische Text in seinem organischen Kontext her.

Zusammenfassend: Nicht die Verwerfung Israels durch Gott soll es also heißen, sondern: Das Verwerfen Christi durch Israel. Nicht die Annahme Israels durch Gott soll es heißen, sondern das *Annehmen* Christi durch Israel. Anders gesagt: Um die weltumfassende Heidenkirche ins Leben zu rufen; um den

Mono-Theismus in die Welt hinaus zu tragen, war das kleine *Ja* der jüdischen Urgemeinde und der vielen jüdischen Anhänger Jesu genauso heils-notwendig wie das große *Nein* der meisten Juden, die ihn zwar als Lehrer, als Rabbi oder als Prophet schätzten – aber wegen der Unerlöstheit der Welt nicht als Messias annehmen konnten. Es bedurfte also beider Reaktionen Israels, um die Heidenwelt zum Gott Israels zu führen.

Folgenreich und schwerwiegend sind also die Übersetzungsfehler des Paulus allemal. Mein Bemühen ist ihrer Entdeckung und Vorschlägen einer bibelgerechten Korrektur gewidmet. Vor allem aber ist es mein Anliegen, die Bibel vom verstaubten Regal herunter zu holen und dieses immergrüne Buch vielen glaubensdurstigen Menschen wieder zugänglich zu machen. Denn die heutigen Leser sind nicht gleich-gültig gegenüber der Religion insgesamt. Keineswegs! Sie suchen in ihrer Mehrheit einen glaub-würdigen Glauben. Mit gestelzten, leeren Worthülsen altertümlicher Prägung können wir die Lebensnähe dieses Buches nicht an die heutigen Männer und Frauen bringen.

Lassen sich also das Alte und das Neue Testament mitsamt den Paulusbriefen überhaupt richtig übersetzen? Gewiß! Doch niemals darf eine Übersetzung als die endgültige und für immer gesicherte erachtet werden. Jede Zeit wird ihre Einsichten und Korrekturen mit einbringen müssen und dürfen. Auf keinen Fall aber wird man auf die Befragung und Berücksichtigung der jüdischen Quellen verzichten können, denn vom »Lande der Juden« (Lk 1–2), aus der Feder von Hebräern, von vom Gott Israels ergriffenen Menschen ist ja immer wieder die Rede. Kann man Goethe auf Spanisch näherkommen, ohne Deutsch zu beherrschen oder zumindest seinen Sitz im deutschen Leben zu kennen? Ganz in diesem Sinne empfiehlt sich wiederum die alte Losung Martin Luthers *Ad Fontes* – wenn auch in einem anderen Sinn! Es geht nicht um einen »Finger im Deich«, um eine Aushöhlung des Glaubens, sondern vielmehr um Bausteine für eine tragfähige Startbahn in eine bessere ökumenische Zukunft.

VI. »Prüfet alles« – auch die Fehler!

1. Vom »Fluch des Gesetzes«

»Nicht um mitzuhassen, sondern mitzulieben bin ich da.« Dieses Motto der Antigone in der Tragödie des Sophokles klingt wie ein autobiographisches Resumee des streitbaren, noch immer umstrittenen »Heidenapostels« aus Tarsus. Befremdend wirkt daher bei Paulus seine zwiespältige Einstellung zur Torah, der göttlichen Weisung vom Sinai, die in seinen 119 Erwähnungen des »Gesetzes« von Selbstwidersprüchen nur so strotzt. Da aber seine Heilsstrategie, trotz etlicher gewagter Umdeutungen und Zurechtbiegungen, prophetisch inspiriert ist (z. B. von Jes 49,6; Zach 14,9 und Micha 4,1–2), sind so manche Theologen bereit, Nachsicht zu üben und einige seiner Entgleisungen der Leidenschaft seines Missionseifers zuzuschreiben.

Unverzeihlich finden jedoch alle gläubigen Juden seine Rede vom »Fluche des Gesetzes«, von dem »Christus uns freigekauft hat« (Gal 3,13). Woher hat Paulus diesen »Fluch«, den weder die Hebräische Bibel noch irgend eine der jüdischen Traditionen kennt? Eine benachbarte Aussage im Galaterbrief verhilft uns zur Antwort: »Alle die aus dem Tun des Gesetzes leben, stehen unter dem Fluch. Denn es heißt in der Schrift: ›Verflucht ist jeder, der nicht bei *allen* Geboten bleibt, die im Buch des Gesetzes geschrieben sind, um sie zu tun‹« (Gal 3,10). Die Vorstellung, daß ein Mensch wegen der Verletzung einer Bibelsatzung von Gott verflucht werde, widerspricht der elementaren Grundüberzeugung des Judentums vom barmherzigen Gott, der bereit ist, bußfertigen Sündern – zu denen auch Moses und David zählten – Vergebung zu gewähren. Denn, wie schon Jahrhunderte vor Paulus biblisch festgestellt wurde: »Es ist kein Mensch so gerecht auf Erden, daß er nur Gutes tue und nicht sündige« (Pred 7,2o). Was also brachte Paulus zu seiner seltsamen Aussage?

Eine genauere Analyse von Gal 3,10 legt nahe, daß es wohl

eine *Fehldeutung* von Dt 27,26 gewesen sein muß, die Paulus zu seiner Fluch-Theorie verleiten konnte. In den elf vorherigen Versen (Dt 27,15–25) wird nämlich eine Reihe von Grundpflichten aufgezählt (wie z. B. das Verbot der Gewalttätigkeit, des Meuchelmordes und der Bestechung), worauf es abschließend heißt: »Verflucht ist, wer nicht alle Worte dieser Torah erfüllt, auf daß er danach tue!« (Dt 27,26) Verflucht von Moses und Israel wohlgemerkt – aber nicht von Gott, wie der Schlußteil von Dt 27,26 klarstellt. In Dt 27 geht es nämlich um eine Art von dramatischer Vergegenwärtigung schwerwiegender Gebote und Verbote, die von zwei einander gegenüberstehenden Chören der Israeliten lautstark deklamiert werden, worauf die Volksmenge nach jedem Vers mit »Amen« die Segnung oder die Verfluchung bestätigt. Es heißt ausdrücklich »*diese* Torah«, was sich eindeutig auf die *elf* zuvor beschriebenen Satzungen bezieht. Paulus hingegen verstand – oder wollte verstehen: Verflucht ist ein jeder, der nicht alles erfüllt, was im »Buch der Torah« (also: Der *Gesamt*-Torah) vorgeschrieben ist. Diese Fehldeutung, die dann im Neuen Testament kanonisiert worden ist, führte bald nach Paulus zu jener kirchlichen Polemik gegen die angeblich »grausame Gesetzesreligion« des Judentums und den »rachsüchtigen Gott« des Alten Testaments – pseudo-theologische Zerrbilder, die bis heute den christlich-jüdischen Glaubensdialog schwer belasten.

Letzten Endes lesen wir im Neuen Testament – genau wie im Alten – Scheltreden, Strafandrohungen und düstere Mahnworte. Aber in beiden Testamenten überwiegen die Barmherzigkeit, die Gnade und Worte der Vergebung und des Heils. Stellvertretend für viele seien zum Vergleich erwähnt:

Altes Testament
- »Euer Gott ... verschafft Witwen und Waisen Recht und liebt den Gastsassen.« (Dt 10,17,20)
- »Ich soll nicht Mitleid haben mit Niniweh, der großen Stadt mit 120000 Menschen und so viel Vieh?« (Jona 4,11) (Frage Gottes an den Propheten Jona)

- »Liebe will ich, nicht Opfer.« (Hosea 6,6) (Wunsch Gottes an Hosea)
- »Du sollst den *Fremdling* lieben wie Dich selbst.« (Lev 19,33)

Neues Testament
- »Werft ihn hinaus in die Finsternis, dort wird Heulen und Zähneknirschen sein.« (Mt 22,13)
- »Gehet hinweg von mir, Ihr Verfluchten, in das ewige Feuer!« (Mt 25,41)
- »Wie lange rächst Du nicht, Oh Gott, unser Blut an den Erdbewohnern?« (Apokalypse 6,10)
- »Diese meine Feinde ... bringt sie hierher und macht sie vor meinen Augen nieder.« (Lk 19,27)

Wo bliebe Jesu Liebespredigt ohne Bezugstellen aus dem Alten Testament, die übrigens an die 456mal im ganzen Neuen Testament widerhallen!?

Zerrbilder gaben – und geben – Aufwind für jene arrogante »Zwei-Götter-Lehre«, die dem jüdischen »Gott der Rache« in lautstarker Selbstherrlichkeit den christlichen »Gott der Liebe« entgegensetzt.

Zurück zu unserem Paulus-Text aus Gal 3,10: Seine bibelwidrige »Verfluchung« kann unschwer durch eine vorurteilslose Lesung von Dt 27,26 widerlegt werden:

1. Es wäre überflüssig – um nicht zu sagen: irreführend – gewesen, elf moralische Satzungen spezifisch aufzulisten, wenn danach Dt 27,26 sich auf *alle* Satzungen der Torah insgesamt beziehen sollte. 2. Die Hebräische Bibel bedient sich des öfteren des Ausdruckes »Lehre« (Torah) oder »diese Lehre« (diese Torah) in Bezug auf eine klar umgrenzte Gruppe von Satzungen, wobei der inhaltliche Zusammenhang die Spezifität als Teilbegriff der Gesamt-Torah verdeutlicht. So z. B. in Lev 6,2, wo es um »die Torah der Brandopfer« geht; Lev 6,18, wo »die Torah der Sündopfer« erörtert wird; und in Lev 7,11, wo der »Torah der Dankopfer« zwölf Verse gewidmet werden. Für den Ausdruck »diese Torah« als Bezeichnung einer solchen

Satzungsgruppe genüge der Hinweis auf Dt 1,5; Dt 4,8; Dt 28,61 und Dt 31,9.

Hat Paulus sich also geirrt? Eines steht fest: Kein Jude, der sich stolz als »»Pharisäer und Sohn von Pharisäern« (Phil 3,5) bezeichnet, und noch dazu hervorhebt, daß er »zu den Füßen von Rabban Gamaliel im Gesetz unterwiesen worden war« (Apg 22,3), kann behaupten, er sei mit solchen Grundbegriffen des hebräischen Bibelstudiums nicht vertraut. Doch halt! Audiatur et altera pars! Wenn Paulus von denen spricht, die sich an alles halten, was »das Gesetz« vorschreibt, während all jenen der Fluch Gottes droht, die die biblischen Satzungen nicht befolgen, denkt er dabei nur an Juden? Einerseits werden im gesamten 3. Kapitel des Galatherbriefes weder Israel noch »die Juden« namentlich erwähnt; andererseits geht aus dem zwiefachen »uns« in Gal 3,13 hervor, daß Paulus hier nicht bloß an Israel denkt, sondern an alle Menschen. Solch ein Gedankengang liegt nahe, da laut Paulus auch den Heiden, »die das Gesetz nicht haben«, die Forderungen des Gesetzes dennoch »in ihrem Herzen geschrieben seien, da ja ihr Gewissen es ihnen bezeugt«. Und dennoch »erfüllen sie es nicht« – wie in Röm 2,12–15 nachzulesen ist. Demnach stünde also die gesamte Menschheit, aus paulinischer Sicht, »unter einem Fluch«, da sie ja samt und sonders gegen den Willen Gottes handelt und lebt. Kurzum: »Die ganze Welt ist vor Gott schuldig geworden« (Röm 3,19) und »da ist kein Unterschied, denn alle (ob Juden oder Heiden) haben gesündigt« (Röm 3,23).

So mag also Paulus, seiner eigenen Logik getreu, dergemäß »jeder (verflucht ist)« die Worte in Dt 27,26 in einem ganz universalen Sinn verstanden haben, der keinen Menschen auf Erden ausschließt. Dann aber war (und ist) es christliche Selbstherrlichkeit, die Gal 3,10 auf die Juden bezieht – im Widerspruch zum allumfassenden Geltungsbereich des Paulus-Briefes. Der Jude Paulus, dem christlicher Antijudaismus wesensfremd war, hat aus der all-menschlichen Sündhaftigkeit eine ökumenisch-karitative Konsequenz gefolgert: »Gott hat *alle* unter dem Ungehorsam zusammengeschlossen, um sich aller zu erbarmen« (Röm 11,32).

Sollte dies die wahre Aussage-Absicht des Paulus gewesen sein, so läge es an der heutigen christlichen Schul-Theologie, den Mut zur theologischen Wiedergutmachung aufzubringen: Es gilt, den *Débris* uralter Fehldeutungen abzuräumen, um endlich dem Ursinn des Paulus gerecht zu werden.

2. Wer hat wen verstockt?

»Mit Israels Verstockung und der Missionierung der Heiden hat der Alte Bund sein Ziel erreicht ... Israel ist heillos geworden.« So erklärte der evangelische Probst von Jerusalem, Pfarrer J. G. Mehl, auf dem 10. Deutschen Evangelischen Kirchentag 1961 in Berlin. Seit Jahren gehört »die Verstockung Israels« zum Grundvokabular von theologisch verbrämten Antisemiten und christlichen Gegnern des Judentums. »Die verstockten Juden«, so heißen sie von Johannes Chrysostomos über Ambrosius, Augustin, Gregor, Martin Luther bis Voltaire und Karl Marx. Was hat ein Jude zu dieser zählebigen Verleumdung zu sagen? Vor allem gilt es, die beiden klassischen Bezugsstellen zu zitieren: »Wonach Israel trachtet, hat es nicht erreicht. Nur der erwählte Rest hat es erreicht, die übrigen sind verstockt worden« (Röm 11,7). »Verstockung ist einem Teil Israels widerfahren, solange bis die Vollzahl der Heiden eingetreten ist« (Röm 11,25).

Luther hat die »Verstockung« fälschlich mit »Blindheit« übersetzt – wahrscheinlich wegen der Ähnlichkeit von »perosis« (Blindheit) und »porosis« (Verstockung) – womit er Israel unwissentlich in die Nähe des Leidenden Gottesknechtes rückte, von dem es bekanntlich heißt: »Wer ist so blind wie mein Knecht« (Jes 42,19) – was von den Rabbinen als heilsgeschichtliche Scheltrede gedeutet wird, um Israel zurückzurufen zu den Wegen Gottes. Wichtig ist aber auch, daß Verstockung – laut Paulus – nur *teilweise* über Israel kam, und daß ihre Dauer befristet ist (»bis die Vollzahl der Heiden eintritt«). Der Jude Paulus vermag also das Heil der Heidenvölker nicht isoliert zu betrachten, sondern nur im theologischen Zusammenhang mit der zeitweiligen, teilweisen »Verstockung« und dem unbezweifelten Endheil Israels. Vor allem aber muß betont werden, daß Gott selbst der Urheber dieser Verstockung ist. Denn die »Verstockung der Übrigen« (vgl. Röm 11,7) begründet Paulus mit Zitaten aus Dt 29,3 (Jes 29,10) und Jes 6,9f. in Röm 11,8 mit folgenden Worten: »Es gab ihnen Gott einen Geist des Tiefschlafes, Augen zum Nicht-sehen und Ohren zum Nicht-hören bis zum heutigen Tag.« Man übersehe nicht, daß das Subjekt in diesen Zitaten kein anderes als Gott selbst ist. Um dieses Subjekt kommt keine Exegese herum. Eben jener Gott, der sich »ihrer erbarmen wird« (Röm 11,31), der ihre ausgebrochenen Zweige »wieder einpfropfen wird« (11,23) und der »ganz Israel erretten wird« (Röm 11,26).

Der verstockte Teil Israels befindet sich inzwischen in guter Gesellschaft. Von allen 12 Aposteln heißt es nämlich: »Sie waren nicht zur Einsicht gekommen, denn ihr Herz war verstockt« (Mk 6,52) – eine Verstockung, die sich jedoch binnen einiger Monate als heilbar erwies. Ebenso »verfinstert ist der Verstand der Heiden«, denen Paulus vorwirft, daß »Unwissenheit in ihnen vorherrscht, weil ihr Herz verstockt ist« (Eph 4,18). Hier ist aber nicht Gott der Verstocker, sondern »ihre Abgestumpftheit, ihre Abschweifungen und ihre Habgier ...« (Eph 4,19). Warum aber kam es zu dieser, von Gott erwirkten Verstockung gegenüber dem Evangelium – obwohl doch, laut Paulus, das Evangelium »eine Kraft Gottes ist zur Rettung für jeden Glaubenden, den Juden zuerst« (Röm 1,16) und obwohl »der Christus dem Fleische nach aus den Juden stammt« (9,4)? Ohne sich endgültige Antworten anzumaßen, deutet Paulus wiederholt an, daß das *Nein* der meisten Juden zu Jesus als Messias notwendig war, um den Heiden den Zugang zum Heil zu öffnen. Ja, Paulus erkennt, daß die Juden »hinsichtlich des Evangeliums Feinde um Euretwillen« wurden; daß also ihr Nein zu Christus den Völkern zum Heil ausschlug (Röm 11,28). Mehr noch, es war ihr »Fehltritt, der Reichtum für die Welt wurde« (Röm 11,12), so daß ihre Verstockung gegenüber dem Evangelium bis heute der lebendige Hinweis auf das Noch-Nicht-Endgültige der Heilserfüllung ist und bleibt. Die Verstockung repräsentiert also mit ihrem nüchternen *Nein* den eschatologischen Vorbehalt gegenüber jedweder vorschnellen, überschwenglichen Heils-Euphorie, die sich bereits im Vollbesitz der Erlösung wähnt.

Aus historischer Sicht gesellt sich zu diesen Argumenten der in der Bibel so häufig verheißene ewige Weiterbestand des jüdischen Volkes (z. B. Gen 17,7; Jer 31,35 und Jes 54,16). In diesem Sinne darf festgestellt werden, daß gerade der Umstand seiner sogenannten »Verstockung« entscheidend dazu beigetragen hat, daß Israel als Volk der Bibel bis heute erhalten geblieben ist. Eine total judenchristlich gewordene Judenheit wäre längst in der Kirche und in der Völkerwelt aufgegangen. Aus gläubiger Sicht hat also Gott Selbst verhindert, daß Sein Bundesvolk im Verlauf der Weltgeschichte allen Katastrophen zum Trotz, weder untergeht noch aufgeht, sondern im Glauben an Ihn und Seine Torah weiter zu bestehen vermag.

Doch was ist diese viel bemühte Verstockung eigentlich? Als »porosis« ist sie ein medizinischer Fachausdruck, der eine durch häufige Schläge hervorgerufene Verhärtung der menschlichen Haut bezeichnet. Dies entspricht gleichsam der historischen Überlebenskunst der Juden in ihrer jahrhundertelangen Leidensgeschichte im christlichen Europa. Mediziner betonen die Heilbarkeit dieser natürlichen Selbst-Schutz-Reaktion gegenüber brutaler Gewalt – mittels schmerzlindernder Umschläge, Balsam und mitmenschlicher Behandlung.

»Verstockung« ist aber auch der verpönende Beiname einer geistigen Einstellung, die im Rabbinischen Schrifttum unter anderer Benennung des öfteren löblich hervorgehoben wird. So z. B. heißt es im Talmud: »Weshalb wurde die Torah Israel verliehen? Weil sie stark und unbeugsam sind. Keine feindliche Macht und keine Überredungskunst vermögen sie von der einmal erkannten Wahrheit abzubringen. In der Schule des Rabbi Ismael (2. Jahrhundert nach unserer Zeitrechnung) wurde gelehrt: Der Heilige, gepriesen sei Er, sprach: ›Diese sind würdig, daß ihnen die feurige Torah verliehen werde.‹« (bBeza 25b) Hier also ist die andere Seite jener viel verschmähten »Verstokkung«, die als Beständigkeit und Beharrlichkeit zur Quintessenz der jüdischen Glaubenstreue gehört.

3. Rechtfertigung – allein *aus dem Glauben?*

Der Protestantismus, als die »Kirche des Paulus«, wie sie in der Debatte häufig benannt wird, in Gegenüberstellung zum Katholizismus als der »Kirche Petri«, ist in rund 270 Konfessionen gespalten. Und zwar nicht trotz des einenden Bandes, sondern gerade wegen der vielfältigen Glaubensdemokratie, die – gut jüdisch-jesuanisch – im Neuen Testament vorherrscht. Nicht zuletzt ist es aber eine Spätfolge paulinischer Einflüsse. Der zum reformatorischen Vorbild gewordene Paulus verkörperte ja zu Anfang der Neuzeit den Inbegriff des gläubigen Christen. Einer, der aus tiefster Überzeugung mit seiner »Kirche« bricht, war auch das Vorbild Martin Luthers, der in die Fußstapfen Pauli zu treten glaubte. Genau wie Ulrich Zwingli, Jan Hus, Johannes Calvin und Dutzende anderer Kirchen- und Sektengründer, die allesamt ihre Mutterkirche des Legalismus und der Unfreiheit bezichtigten, um im Namen eines persönlichen »Damaskus-Erlebnisses« einen neuen Glaubensweg anzubahnen. So wurde der Abweichler Paulus nicht nur ein Held des Glaubens und der erfolgreichste Missionar der Weltgeschichte, sondern auch nolens-volens der Vater vieler Kirchenspaltungen. Auch dies sollte in der nachdenklichen Rückschau nicht unerörtert bleiben.

Was heutzutage not tut, wäre eine historisch durchdachte Ent-Dogmatisierung dieses jüdischen Querdenkers, sowie ein holistischer Überblick – katholon –, der den ganzen Paulus erfaßt, um den Gesamthorizont seiner Schriften zum Prüfstein jeder Einzelaussage seiner Briefe zu machen. In diesem Sinne war die Grundfrage des Paulus *nicht* »Wie kriege ich einen gnädigen Gott?!«; denn sein Gewissen war, um es gelinde zu sagen, äußerst robust. Es bedarf wohl eines robusten Gewissens, um zu sagen: »Ich bin mir keiner Schuld bewußt« (1 Kor 4,4).

Kann jemand sich Luther vorstellen, mit solch einem Wort im Munde? Auch war seine Hauptfrage nicht: »Wie werden die Gottlosen gerechtfertigt?« Ungleich Luther, der unter den Forderungen des »Gesetzes« fast zusammenbrach, hatte Paulus keine Bankrotterfahrung – weder einen persönlichen Sündenfall, noch ein »Turmerlebnis«. Er beschreibt sein Torah-Verhältnis ganz positiv: »Ich machte Fortschritte im Judentum, und war ein Eiferer für die Torah«, so behauptet er von sich selbst nicht ohne Stolz (Gal 1,14 und Phil 3,5f.). Und wenn ich Gal 5,11 richtig lese, war er vor seinem »Damaskus-Erlebnis« sogar als Pharisäer-Missionar tätig, der für das rabbinische Judentum Proselyten anzuwerben pflegte.

Seine Hauptfrage nach »Damaskus«, wie ich ihn verstehe, war vor allem: Wie sollen Juden und Christen, Israel und die Heidenkirche im Heilsplan Gottes zusammen leben? Weder gegeneinander, noch nebeneinander, sondern miteinander! So ist seine erste Antwort, die er sprachlich mit 17 Mit-Worten eigener Prägung zu untermauern sucht: Beide sind ja Mit-Bürger, Mit-Erben, Mit-Erlöste, Mit-Streiter, Mit-Zeugen, Mit-Genossen im Haushalt Gottes. Immer ist es eine kreative Ko-Existenz, eine friedliche Symbiose, die beiden ihren Heilsanspruch verbürgt – ohne daß die Christen Juden, noch die Juden Christen werden müssen.

Franz Rosenzweig, der jüdische Religionsphilosoph, hat einmal gesagt, daß er, wenn man sein Deutschtum von seinem Judesein amputieren würde, er diese Operation nicht überleben könne. Paulus hätte sicherlich dasselbe über »die zwei Seelen« gesagt, die in seiner unruhigen Brust wohnten: die eine auf Athen hin, und die andere auf Jerusalem hin orientiert – die beiden kulturellen und religiösen Gegenpole, die er um jeden Preis, unter Gott, zu versöhnen entschlossen war. Paulus und der junge Rosenzweig – zwei feinfühlige Männer also, die sich der Spaltung in ihrer Umwelt (und im eigenen Herzen) so schmerzlich bewußt sind, daß der Einheitsdrang sie dazu treibt, über alle Realität hinweg, Trennungsmauern abzubauen, um schwärmerische Harmonie zu fördern. Ein Bestreben, das sich insbesondere im 2. Kapitel des Epheserbriefes ausdrückt.

Dem Paulus geht es in diesem Sinne um die Einigung jener zwei Teile der Menschheit, die er fast als Naturgesetz zu erachten gelernt hat – Juden und Heiden. Der Koexistenz beider im Heilsplan Gottes eine solide theologische Basis zu geben, war für ihn eine seelische Notwendigkeit, die ihm sein durchdachtes

Diaspora-Judesein ebenfalls mitgegeben hatte. Um diesen Einheitsdurst zu stillen, dachte er sich schrittweise durch zur Idee der Rechtfertigung-durch-den-Glauben, als dem Heidenweg zum Gott Israels.

Da es sowohl dem Paulus als auch den Rabbinen klar war, daß »ganz Israel gerettet werden wird« (Jes 60,21; Aboth I,1; b Sanh 10,1; Röm 11,26), so ist seine »justificatio impiorum« vor allem ein Theologumenon, mittels dessen er ein heilsgeschichtliches Gleichgewicht zwischen Jesus-gläubigen Heiden und (anders)gläubigen Juden herstellen will. Nicht um seine »Brüder nach dem Fleische« (Röm 9,3) geht es ihm dabei, die ja Erben der Verheißung sind und bleiben (Röm 9,4), sondern um diejenigen, »die einst Gott-los und ohne Hoffnung waren« und nun »zu Mitbürgern der Heiligen und Hausgenossen Gottes« werden sollten (Eph 2,12ff.).

Grundlegend für ihn ist hierbei der Gedanke, daß der Jude »das Gesetz« aufrichtet (Röm 3,31) in der Bindung an seinen ungekündigten Gottesbund (Röm 9,4 und 11,29); der Christ hingegen wird in und durch den Glauben an Jesus Christus gerettet (Röm 10,9). So versteht es der eigensinnige Torah-Ausleger Paulus, der die Überzeugung hegt, daß die weltweite Ausdehnung des göttlichen Heilsbereiches aus gläubigen Heiden und Juden zusammen »das Volk des Gottes Abrahams« zu machen vermag, wie schon im Ps 47 das erlöste Menschheitsvolk in seiner Lesart genannt wird (Ps 47,9f.). All dies, wie Paulus weiß und fühlt, bleibt der Grundintention der Torah entsprechend. Dies versuchte er, gut rabbinisch, viermal im Römerbrief zu belegen (Röm 15,8–12).

Erst mehr als dreihundert Jahre nach Paulus fand sich derjenige, der zu sehen glaubte, was Paulus zu bewegen schien – womit er, als Herzstück Paulinischen Wirkens, »die Rechtfertigung« entdeckte. Unter dem Einfluß eben dieses Mannes, Augustin, und dann bei Martin Luther, der nicht zufällig ein Augustiner-Chorherr war, wurde die Henne mit dem Ei verwechselt: Der Mittelpunkt Paulinischen Denkens wurde substantiell verschoben – und die »Rechtfertigungslehre« wurde zum Kern des »evangelium paulinun« erhoben.

Sobald aber dann das Motto »*sola* fide« zum *einzigen* Heilsweg durch Luther monopolisiert wurde – im Widerspruch zu Jesus und zu Paulus zugleich –, konnte das Judentum samt seiner Torah-Treue als überholte, antiquierte Irrlehre verketzert werden, nur um die Heidenkirche in jener Selbstgerechtigkeit zu bestärken, gegen die Paulus schon im Römerbrief (11,17–32) genau so mutig wie vergeblich ins Feld gezogen war.

Was die meisten Juden und viele der Urgemeinde von Pauli Lehren dachten, geht insbesondere aus dem Jakobusbrief hervor, den Luther nicht von ungefähr zur »Strohernen Epistel« abgewertet hat. Eine unfaire Entwürdigung, die dem Brief aber im evangelischen Raum bis heute noch anhaftet. Von den Anfangsthemen der Versuchungen (Jak 1,2–18) und »dem Hören und Tun« (Jak 1,19–27) über die Abhandlungen über das Verhältnis von Glauben und Werken (Jak 2,14–16), die Glaubenstaten Abrahams (Jak 2,21–26) bis zur Spruchgruppe gegen die Streitsucht (Jak 3,13–4,12) und dem abschließenden Aufruf zur Verantwortung für den gefährdeten Bruder (Jak 5,11–20) mutet diese Schrift wie eine anti-paulinische Philippica gegen dessen Rechtfertigungslehre und seine überzogenen Bibeldeutungen an.

Letzen Endes setzte sich jedoch der Paulinismus in der Kirche durch – auch in Überziehungen, die weit über Paulus hinausgehen. Womit jedes Weiterdenken der Paulinischen Ansätze über eine kreative jüdisch-christliche Symbiose unter Gott unmöglich werden mußte. Der Antijudaismus gewann die Oberhand im christlichen Denken, Glauben und Lehren, womit der Dialog zwischen Juden und Christen verstummte.

Paulus schrieb seine Briefe, wie bekannt, vor der Zerstörung Jerusalems und der weltweiten Zerstreuung Israels – zwei historische Ereignisse, die von der nach-paulinischen Kirche mit unüberhörbarer Schadenfreude zu den Ecksteinen ihrer antijüdischen Straf-Theologie proklamiert wurden. Heute hingegen leben wir in den Tagen des historisch-politischen Aufbaus Israels und der Einsammlung vieler seiner Zerstreuten – zwei Entwicklungen, die auch nicht einer gewissen theologischen Relevanz entbehren und es leichter machen sollten, den Glaubensdialog auf paulinischer Basis fortzusetzen. Ja, vielleicht sogar, ganz im Sinne des Paulus, ihn über Paulus hinweg vorwärts zu treiben.

4. Sola Fide – *Paulus oder Luther?*

Paulus war nicht der »Gründer« des Sola-Fide-Prinzips, das die Reformation auf ihre Fahnen geschrieben hat. Die Schlüsselstelle ist Röm 3,28, die Martin Luther folgendermaßen übersetzt: »So halten wir dafür, daß der Mensch gerecht werde ohne des Gesetzes Werke; *allein* durch den Glauben.« Die Zürcher Bibel ist hier viel vorsichtiger: »Der Mensch wird gerecht gesprochen durch Glauben, *ohne* Werke des Gesetzes.« Eine Aussage, die für jüdische Ökumeniker eher eine hilfreiche Grundlage zum Dialog sein kann.

In seinem »Sendbrief vom Dolmetzschen« (Nürnberg 1530) verteidigt sich Luther gegen den Vorwurf der eigenwilligen Einfügung des Wortes »allein«: »Weil im Text Pauli nicht stehe das Wort ›sola‹ und daher sei nicht zu leiden solchen Zusatz von mir in Gottes Wort.« Auf sieben Seiten erklärt Luther, daß das Wort »allein« zwar weder im griechischen noch im lateinischen Text des Neuen Testamentes zu finden ist, aber »die Meinung des Textes es in sich hat, und wo man will's klar und gewaltig verdeutschen, so gehöret es hinein«. Luther wollte also hier nicht nur den Wortlaut des Paulus wiedergeben, sondern auch die angebliche Aussageabsicht des Apostels, wie er meinte. In diesem Zusammenhang sei auf Gen 15,6 verwiesen: »Abraham glaubte dem Herrn, und das rechnete ER ihm zur Gerechtigkeit an.« Hier übersetzte Luther wieder einmal falsch, indem nämlich *Zedaka* viel mehr als »Gerechtigkeit« darstellt, und von »anrechnen« bei Gott nicht die Rede sein kann. Buber übersetzt denselben Vers: »Abraham aber vertraute IHM; das achtete Er ihm als Bewährung.«

Der beste Widerleger ist wiederum Jakobus, der da sagt: »So ist der Glaube, wenn er nicht Werke hat, in sich selbst tot.«

(Jak 2,17) »... Ist nicht Abraham, unser Vater, durch Werke gerecht geworden, als er seinen Sohn Isaak auf dem Altar opferte? Da siehest Du, daß der Glaube zusammengewirkt hat mit seinen Werken ...« (Jak 2,21–22).

Hier stellt sich übrigens die brisante Frage, wieso Jakobus von der *Opferung* (und nicht der »Bereitschaft zum Opfern«), daß heißt von der Bindung auf dem Altar, der *Akeda* spricht. Möglicherweise fußt er auf der alten jüdischen Tradition, daß die intensive, aufrichtige Absicht, eine Mitzwa zu erfüllen, von Gott schon akzeptiert wird. Oder aber – wird hier schon auf eine andere, *seltene* jüdische Auslegung Bezug genommen, dergemäß Abraham in der Tat seinen Sohn geopfert hat, den Gott dann wieder auferweckte? (Vgl. Hebr 11,17–19) Jakobus bleibt unser Kronzeuge, daß Glaube und Werke gemeinsam ein biblisches Junktim darstellen: »So sehet Ihr nun, daß der Mensch durch Werke gerecht wird, *nicht* durch Glauben *allein*.« (Jak 2,24)

Zusammenfassend muß betont werden, daß die Lutherische Betonung des *sola* (fide) sein eigenes Sondergut ist. Paulus von Tarsus bleibt hier im Rahmen des jüdischen Denkens, »daß der Glaube (Abrahams) ihm von Gott zur Bewährung erachtet wurde«, wobei von der Zweitrangigkeit von Taten und Werken keineswegs die Rede ist. Gerade bei Abraham ist von *Zedaka*, also von der besagten falsch übersetzten »Gerechtigkeit«, besonders viel zu berichten: Obwohl er vor-sinaitisch in diese Welt kam, war er in der Tat der erste Mono-Theist, der auf Geheiß Gottes aus seiner heidnischen Umwelt ausgebrochen war. Sein ganzes Leben, von diesem Exodus an, ist eine Kette von Glaubens-*Taten* um Gottes willen.

Hier sei noch bemerkt, daß Luthers Übersetzung »des Anrechnens« seitens Gottes ebenfalls bibelwidrig ist. Diese Fehlübersetzung führte zu den bis heute den Juden angedichtete »Werkgerechtigkeit« und »ein Verrechnen der Taten mit Gott«.

Wobei die hebräische Tradition des *Bechiham* konstitutiv war und bleibt, das heißt, daß jeder Torah-treue, die Gebote erfüllende Mensch im Bereich der *geschenkten* Gnade Gottes ist, diese aber natürlich *sein* Geheimnis bleibt und von niemandem auf Erden verdient oder gepachtet werden kann: ALSO NUR DURCH GNADE!

Paulus hat dies nie widerlegt. Er geht in den Fußstapfen des Propheten Habakuk, der verkündet hat: »Der Gerechte wird aus seinem Glauben leben« (Hab 2,4 auch in Röm 1,17). Paulus hat nie zitiert, behauptet oder übersetzt, daß Habakuk gesagt habe: »Der Gerechte wird *nur* aus seinem Glauben leben.« (Hier sei bemerkt, daß *Jichje*, als »wird leben« bei Habakuk, gut Hebräisch, sowohl präsentisch als wie auch futurisch – rein grammatikalisch – verstanden werden kann.

Die Wurzel des Übels liegt aber, wie so oft, bei der Überangewiesenheit des Paulus auf die griechische Übersetzung der Hebräischen Bibel, der Septuaginta, wohl um der Umgangssprache seines Zielpublikums – der Mittelmeerwelt – willen. Denn nur mittels dieser Septuaginta konnte der *Zadik* in Hab 2,4 vom »bewährten Mann, der Recht schafft und die Torah in seinen Taten verwirklicht«, zum »dikaios« – als dem vor Gericht »gerecht Gesprochenen« umgedeutet werden.

Hier liegt wohl eine der Wurzeln der tragischen Fehlübersetzung der *Torah* zum *Gesetz*, die der lebendigen *Weisung* oder *Lehre* vom Sinai ihren dynamisch-vitalen Charakter entzieht und sie erstarren läßt. Ohne diesen gräzisierenden Bedeutungswandel würde der Paulinische Dualismus von Gesetz und Gnade, von »Leben aus Werken« und »Leben aus Gnade«, seiner wichtigsten begrifflichen Voraussetzung entbehren. Vielleicht spiegelt sich in diesem Dualismus bei Paulus die zu seiner Zeit bereits gängige Entscheidung der Rabbinen wider, welche die Proselyten aus der Völkerwelt als »Gottesfürchtige« akzeptierten, wenn sie die Sieben Noachidischen Satzungen auf sich nahmen – während die Norm für Israeliten die 613 *Mitzwoth* vom Sinai blieben.

5. Hat Israel versagt?

Die »Einheits-Übersetzung« von 1980 gibt Röm 11,12 mit folgenden Worten wieder: »Wenn aber schon durch ihr *Versagen* die Welt, und durch ihr *Verschulden* die Heiden reich werden, dann wird das erst recht geschehen, wenn ganz Israel *zum Glauben* kommt.« Hat Paulus solches je geschrieben? Mitnichten! Weder »ihr Versagen« noch »ihr Verschulden« finden sich in seinem Urtext und schon gar nicht die Bezichtigung des »Unglaubens«. Der Originaltext hingegen lautet: »Wenn aber schon ihr Fehltritt Reichtum für die Welt ist und ihr Straucheln Reichtum für die Heiden, um wieviel mehr wird es Reichtum sein, wenn ihre Zahl voll wird«.

Wie schon gesagt, hält Paulus das kleine *Ja* einer jüdischen Minderheit (zu Jesus als Messias) für ebenso heilsnotwendig, wie das große Nein der Mehrheit der Israeliten, da wegen dieser Konstellation das Evangelium durch ihn zu den Heiden kam. Von »zum Glauben kommen« Israels dereinst ist bei Paulus nie die Rede – wohl aber von Israels »errettet werden«, was genau der Ausdrucksweise der Propheten entspricht, wenn sie ihre Endzeitvision des messianischen Reiches darstellen – ohne aber den Namen des Erlösers und schon gar nicht den des Jesus von Nazareth je zu nennen (z. B. Jes 60,21).

Hinzuzufügen wäre noch, daß das Wort *Bekehrung* bezüglich Israels bei Paulus nirgends vorkommt, sondern, wie oben schon gesagt, immer die Rede von »Errettung« ist. *Bekehrung* (epistrophe) kommt im ganzen Neuen Testament nur einmal vor, und zwar beim Apostelkonzil in Jerusalem, wo »von der Bekehrung der Heiden zum Gott Israels« die Rede ist (Apg 15,3). Was die angebliche Bekehrung Pauli vor Damaskus betrifft, verweise ich auf das entsprechende Kapitel in diesem Buch.

6. Vom Gärtner Paulus und seiner Baumschule

Um das Verhältnis zwischen Israel und der Kirche zu verdeutlichen, bedient sich Paulus eines Gleichnisses vom Ölbaum, seinen Zweigen und seiner Wurzel. »Wenn die Wurzel heilig ist, dann sind es auch die Zweige.« (Röm 11,16) So betont der Apostel – wobei für jüdische Ohren ein heilsgeschichtlicher »Wink mit dem Zaunpfahl« ganz unüberhörbar mitschwingt. Denn Ölbäume sind ja seit frühen Bibelzeiten ein lebendiges Symbol für Segen, Heil und Fruchtbarkeit. Mehr noch! Seit uralten Zeiten ist der Ölbaum das Sinnbild des Friedens und deutet auf neues Leben und frische Hoffnung hin – wie es schon beim frischen Olivenblatt zum Ausdruck kommt, das die Taube dem Noah brachte, um das Ende der Sintflut kundzutun.

In der Bibel wird die Rechtschaffenheit des Einzelnen wie auch des Volkes Israel des öfteren mit diesem segensreichen Baum verglichen. Er erreicht ein hohes Alter und trägt Früchte noch nach Hunderten von Jahren. Sein Öl wurde nicht nur zur Nahrung, zur Heilung und zur Lichtverbreitung im Haus, in der Synagoge und im Tempel verwendet, sondern diente insbesondere zur Salbung von Priestern und Königen und wird dereinst auch zur Salbung des Kommenden Messias verwendet werden. Nicht von ungefähr spricht auch Paulus vom Ölbaum, seinen Wurzeln und Zweigen als messianisch geprägten Sinnbildern – wobei die organische Angewiesenheit der verschiedenen Baumteile aufeinander das neutestamentliche Junktim von Israel und Kirche veranschaulichen soll.

Doch Paulus unterscheidet ganz eindeutig zwischen »der heiligen Wurzel«, d. h. Israel, und zwei verschiedenen Arten von Zweigen: *Einige* der edlen Zweige wurden ausgehauen; wilde Zweige wurden eingepfropft (Röm 11,17). Juden sind mit den ersteren, Heiden, die christlich gläubig werden, sind mit den letzteren gemeint. Nicht »*die* Zweige« noch »*alle* Zweige« des edlen Ölbaums wurden abgeschnitten, wie es seit Martin Luther in den meisten deutschen Bibelausgaben und Römerbrief-Kommentaren hieß. Woraus stillschweigend oder lauthals gefolgert wurde, daß Israel seine »Privilegien« verloren habe –

Röm 9,4–5 – und nun »draußen« sei; die Heiden aber seien von nun an »erwählt« und »drinnen« im Heilsbereich Gottes. Im Gegensatz zu diesem christlichen Wunschdenken der »Eisagese« (des Hineinlesens) erinnert Paulus die Heiden daran, daß gerade sie einzig und allein auf und aus der heiligen Wurzel Israels erwachsen. Mehr noch! »Nicht Du trägst die Wurzel«, wie er den Heiden einschärft, »sondern die Wurzel trägt Dich!« (Röm 11,18) Diese Aussage ist im Präsens formuliert, um klarzustellen, daß die Wurzel auch heute noch die Kirche trägt. Israel bleibt also, laut Paulus, auch heute noch der tragende Mutterboden der Christenheit – trotz seiner Ablehnung der Paulinischen Botschaft.

Fest steht für den Apostel, daß die Kirche ihre jüdische Wurzel genau so wenig entbehren kann, wie jeder gesunde Ölbaum, der, getrennt von seinen Wurzeln, verdorren und verwelken muß. Um seinen Lesern in Rom reinen Wein einzuschenken, betont er ganz unzweideutig, daß sie nur »Hinzugekommene« seien, aus reiner unverdienter Gnade adoptiert und in den edlen Ölbaum eingepfropft worden seien – aber auch wieder ausgehackt werden könnten. (Röm 11,22) »Sei nicht stolz, sondern fürchte Dich!« So ermahnt Paulus alle selbstgerechten Heilsbesitzer in der Kirche; »sonst wirst auch Du abgehauen werden.« (Röm 11,21f.) Die Kirche als solche ist also aus Paulinischer Sicht keineswegs die Erbin noch die Nachfolgerin Israels, sondern lediglich Mit-Genießerin an der Wurzel«, (Röm 11,17) ein Spätling, der nachgekommen ist und eingemeindet wurde – nicht mehr! »So rühme Dich also nicht gegenüber den (edlen) Zweigen!« (Röm 11,18) So schärft er seinen Öl-Baum-Wildlingen ein, um sie vor der Versuchung zu bewahren, sich vor Israel in ihrer neuerworbenen Position zu brüsten. Denn welcher Baum hat sich jemals mit Hochmut über seine eigenen Wurzeln aufgespielt? Dieselbe Wurzel, aus der ihm »die Säfte« des Lebens zufließen und ihm seine »Fettigkeit«, das heißt seine Fruchtbarkeit verleihen.

Das ist wohl der Grund, warum der Apostel diese Wurzel (der Kirche) nicht weniger als viermal herausstellt, um ihre Unverzichtbarkeit für das Fortleben der Kirche allen Christen mit

Nachdruck einzuschärfen. Ebensowenig läßt er seine Leser im Dunkeln bezüglich der Identität dieser Wurzel. Nicht nur die Patriarchen oder die Urgemeinde in Jerusalem sind hiermit gemeint, sondern das biblische Bundesvolk in seiner historischen Gänze. Also: »Ganz Israel«, das »gerettet werden wird« (Röm 11,26) – wie Paulus unmißverständlich betont.

Um dies mit voller Klarheit zu verdeutlichen, geht Paulus so weit, Gott ein Vorgehen zuzuschreiben, das der Apostel sicherlich von keinem Gärtner, Baumzüchter oder Förster gelernt haben kann: »Wenn aber *etliche* von den Zweigen (des edlen Ölbaums) ausgehauen wurden, und Du, der Du ein wilder Ölzweig warst, bist (von Gott) unter ihnen eingepfropft worden, so rühme Dich nicht...« (Röm 11,17f.) Während offenbar die gegenteilige Ansicht unter so manchen Heidenchristen damals grassierte – und noch immer grassiert –, ist Paulus fern davon, zu behaupten, daß die Heidenkirche auf Kosten der Juden das Volk Gottes geworden sei. Eine Heilstatsache, die ihn dazu bringt, sein eigenes Judesein, ja, sein »Hebräertum« des öfteren zu betonen (Phil 3,4; Apg 21,39 etc., etc.). »Hat Gott Israel verworfen? *Keineswegs!*« (so erklärt Paulus im Röm 11,1) – worauf er der Begründung diese Neins sein elftes Kapitel im Römerbrief widmet.

Um klarzustellen, daß die Heidenchristen so gut wie alles Israel verdanken, sowohl den Messias selbst als auch die Wurzel und den Saft des Baumes, betont Paulus, daß das Christentum im Grunde nichts anderes sei als ein eingepfropfter Spätlingszweig am Stammbaum des Judentums. Dieses schöne Gleichnis krankt aber an einem schweren Makel. Warum müssen denn, ohne Schuld und Tadel, edle Zweige aus ihrem edlen Ölbaum »herausgebrochen und abgehauen werden« (11,17), nur um Platz zu machen »gegen die Natur« für wilde Zweige? (11,24) Geht es hier nur um »einige Zweige« (11,17) oder um »die Zweige« (11,19) – was den Eindruck sehr vieler Zweige macht? Und warum werden diese unschuldigen Opfer eines brutalen »Herausbrechens« bezeichnet als diejenigen, »die gefallen sind« (11,22) – ein Ausdruck, der in der Bibel eigenes Verschulden andeutet. Betroffen macht auch das an Schadenfreude grenzende Bild von den ausgehauenen edlen Zweigen, »die Gott nicht verschont hat« (11,21). Wenn sie ausgebrochen wurden »um ihres Unglaubens willen« (11,20), aber wieder eingepfropft werden können, »sofern sie nicht im Unglauben bleiben« (11,23), so ist die nächstliegende Deutung wohl, daß Paulus den Glauben an Jesus meint, obwohl der Name Jesu unerwähnt bleibt. So haben ihn jedenfalls zahlreiche christliche Exegeten seit dem Mittelalter verstanden, was sowohl Aufwind für das Klischee vom »ungläubigen Israel« als auch zur Intensivierung der Judenmission gegeben hat.

Bei aller Sympathie für Paulus stößt die Grausamkeit des »Aushackens« ab. Hier erhebt er sich schließlich zum Richter über die Rechtgläubigkcit seiner jüdischen Brüder. Wo wäre denn die Ermächtigung zu diesem Amt zu finden? Bei allem Verständnis für seinen Glaubenseifer hätte dieser kluge Mann sich der Tragweite seiner Worte wohl bewußt sein müssen.

7. Das Vermächtnis des Paulus

Als letztes und ausführliches Sendschreiben des Paulus gilt sein Römerbrief, der in der Geschichte der Kirche eine folgenreiche Bedeutung hatte. Hier hat er, der Wanderapostel, wesentliche Themen, wie die Auseinandersetzung um Gesetz und Freiheit, Werk und Gnade, aber auch die Frage der Zukunft seines eigenen Volkes Israel durchdacht und Lösungen angeboten, die noch immer Denkanstöße liefern, aber auch Ärgernis erregen. Hier bedient er sich auch der Gelegenheit, um frühere polemische und ungereifte Meinungen zu revidieren und sein theologisches Lebenswerk mit einem *magnum opus* zu krönen, das auch heutzutage nicht an Relevanz eingebüßt hat. Daß ganz Israel »gerettet« werden wird, ist für Paulus eine heilsgeschichtliche Tatsache; wie dies jedoch bewerkstelligt werden soll, bleibt ein Mysterium – wie so vieles andere. Jedoch deutet so manches bei Paulus auf einen Sonderweg, der keineswegs christologisch sein muß, sondern als ein Sieg der souveränen, unerforschlichen Gnade Gottes angedeutet wird. Es ist nämlich auffallend, wie Paulus, der eifrigste der Missionare, dazu kommt, das Gefühl der Überlegenheit den Juden gegenüber zu kritisieren, welches er unter seinen Bekehrten entdeckt hat (Röm 11,20ff.).

Für viele erstaunlich ist auch die Schlußfolgerung, zu der er kommt, daß Gott andere Pläne für die »Rettung« Israels haben mag, als er, Paulus, früher in seinem missionarischen Eifer im Auge hatte – denn Gottes Plan ist ja ein Geheimnis, wie er des öfteren durchblicken läßt, und kann nicht entheiligt werden durch den möglichen Erfolg der christlichen Missionen. »Damit Ihr nicht weise seid in Eurer eigenen Eitelkeit, will ich, daß Ihr dieses Geheimnis versteht ...« (Röm 11,25) Ist es wohl deshalb, daß Paulus, bewußt oder unbewußt, den Namen Jesu Christi während einer langen Denkpause nicht erwähnt – gerade wenn er intensiv über das Geheimnis von Israels Erlösung nachdenkt? Denn es gibt keinen Gebrauch des Namens Jesu Christi von Röm 10,17 bis Röm 11,36 (was bei Paulus einen großen Seltenheitswert hat), und der ganze Abschnitt endet mit einem Lobpreis Gottes, dessen Weisheit und Erkenntnis weit über all unsere menschlichen Berechnungen hinausgeht. Hiermit wird ganz unverhohlen die Möglichkeit offen gelassen, daß Gott selbst, der Paulus zufolge Israel teilweise verstockt hat – und zwar zugunsten der Heidenwelt –, daß Gott selbst Israel auf einem Sonderweg erlösen könnte – weder durch Bekehrung zum Evangelium noch mittels des noch immer ausstehenden Parusie-Christus. Daß Paulus, einer der gläubigsten Jesus-Anhänger, solch eine Eventualität für denkbar hält, ist nicht der geringste der vielen Beweise, die für seine Liebe zu Israel sprechen.

Diese Hervorhebung der ungebrochenen Verbundenheit des Paulus mit seinem Volk ist um so wichtiger angesichts der historischen Tatsache, daß die Kapitel Röm 9–11 in deutschen Kirchen bis Ende des Zweiten Weltkrieges in der Verkündigung fast vollkommen ignoriert worden sind. Erst seit 1945 wird hierzulande wieder gepredigt, gelesen und gelehrt, daß »Israels Erwählung, seine Gottesbünde, seine Berufung, sein Gottesdienst und die Biblischen Verheißungen« (Röm 9,4–5) auch nach-österlich unwiderruflich und unübertragbar »ihm angehören« und daß das Endheil »für ganz Israel« (Röm 11,26) gewährleistet bleibt.

8. Kadavergehorsam gegenüber dem Staat?

Jahrhundertelang hat man in der Theologie den guten Christen als gehorsamen, unkritischen Untertanen dargestellt – einen, der Ja und Amen zu sagen bereit ist, auch zu den Machtansprüchen autoritärer Diktaturen. Grund dazu gibt angeblich die berüchtigte Stelle in Röm 13,1: »Jedermann sei untertan der Obrigkeit, die Gewalt über ihn hat. Denn es ist keine Obrigkeit ohne von Gott; wo aber Obrigkeit ist, die ist von Gott verordnet.« Diese und ähnliche Stellen aus Röm 13 wurden auch von »Deutschen Christen« unter Hitler als Motivation und Auftrag für ihr Mitläufertum gedeutet. Hat Paulus das sich in seinen Alpträumen vorgestellt? An der Oberfläche klingen seine Worte wie ein Aufruf zum blinden Kadavergehorsam gegenüber jedwedem Machthaber, dem göttliche Ermächtigung ganz pauschal zugeschrieben wird.

Wäre dies in der Tat die Überzeugung des Apostels gewesen, so stünde sie in flagrantem Widerspruch zur Stellungnahme Jesu, der ja seinen Jüngern ausdrücklich auftrug, sich Schwerter zu kaufen (Lk 22,36) und in einem Gleichnis empfahl, »wenn der Starke bewaffnet seinen Hof bewacht, so bleibt sein Besitztum in Frieden« (Lk 11,21). Auch beim anderen Schwertwort Jesu, beim Kampf in der Nacht zu Gethsemane, als eine Kohorte von römischen Legionären unter dem Kommando eines Chiliarchos Jesus und seine Jünger verhaften wollte – waren die Schwerter der Jünger schon in Benutzung! Denn Jesus spricht zu Petrus: »Stecke das Schwert *zurück* in die Scheide« (18,12). Schließlich war das Ohr des Malchus im Getümmel schon abgehauen worden. Und Jesus selbst gibt sich, um seine Freunde zu retten, den Römern hin (Joh 18,8).

Zusätzlich stünde Paulus obendrein im Gegensatz zu sich selbst. In seinen Briefen kritisiert er häufig und hart die »Herrscher dieser Welt« und geht so weit, sie der Kreuzigung Jesu zu bezichtigen (1 Kor 6,1 ff. und 1 Kor 2,8). Ja, sogar im 12. Kapitel desselben Römerbriefes, wo Paulus eine Kurzfassung der Bergpredigt bringt, schreibt er von der schöpferischen, streitbaren Liebe, die die aufgezwungene Auseinandersetzung *nicht* scheut, noch sich kleinkriegen läßt: »Wenn möglich, so weit an Euch liegt, lebet mit allen Menschen in Frieden.« (Röm 12,18) Die ersten sechs obigen Worte plädieren ganz eindeutig sowohl gegen passive Selbstunterwerfung wie auch gegen Sich-Heraushalten um jeden Preis aus unvermeidlichen Konflikten.

Immer wieder ist es die Isolierung und Verabsolutierung von Jesuanischen oder Paulinischen Einzelaussagen, die zu Zerrbildern und Fehlurteilen geführt haben. Nur der Gesamthorizont der Stellungnahme einer Person darf als Prüfstein für jeden ihrer Dikta dienen. Ebenso gilt es, den »Sitz im Leben« und den lebendigen Kontext jeder Aussage zu berücksichtigen, um ihr vollauf gerecht zu werden.

Bei Röm 13,1 lernen wir aus dieser Kontextualisierung etliches: Die junge Jesusgemeinde entbrannte in intensiver Naherwartung der Parusie ihres Herrn. »Die Nacht ist vorgerückt, der Tag aber nahe herbeigekommen«, so lesen wir in Röm 13,12f. in enger Anlehnung an Jesu Verheißung des nahenden Heils: »Wächter, ist die Nacht dahin? Der Wächter aber sprach: Wenn auch der Morgen kommt, so wird es doch noch Nacht bleiben. Wenn Ihr fragen wollt – so kommt wieder und fraget doch!« (Jes 21,11–12) Diese Stelle wurde schon zu Makkabäerzeiten auf die bevorstehende messianische Erlösung hin gedeutet. Dieser Hintergrund von Röm 13 stellt klar, daß von einer kritiklosen christlichen Unterwerfung unter die römische Staatsgewalt nicht die Rede sein kann, da diese als endlich und vergänglich erachtet wurde. Tut doch der römische Staat genau das Gegenteil von dem, was Paulus von ihm erwartet: Er übt Rache an dem, der Böses tut (Röm 13,4). Er bedient sich der nackten Gewalt, und vergilt Böses mit Bösem etc. (Röm 13,5). Und ähnliches viel mehr. Das Fazit: Für die Dauer »dieser Welt«, die ja laut Paulus (1 Kor 7,31) im Vergehen liegt, ist dieser Römische Staat keineswegs göttlicher Art. Wäre er

»göttlicher Art«, so könnten ja die Christen ihre Streitigkeiten ebensogut vor ein römisches Gericht bringen, was ihnen aber Paulus mit Nachdruck verbietet (1 Kor 6,1ff.). Wir sehen also deutlich die Grenzen, die auch dem legitimen Staat gegenüber gesetzt sind – wenn er ein Unrechtsstaat ist. Für Paulus ist er eine Art von notwendigem Provisorium – nicht mehr, bis zur Parusie.

Die historischen Tatsachen des Römerreiches zur Zeit des Paulus sind bekannt und belegt. Aus Röm 13 können wir auch entnehmen, daß es zu jener Zeit eine Gruppe von jesusgläubigen Hitzköpfen gab, die sich mit der Absicht trugen, öffentlich gegen die unterdrückende Staatsgewalt zu rebellieren. Ein Gewaltakt also, der an Selbstmord gegrenzt hätte. Schon unter Kaiser Caligula, der aus Glauben an seine eigene Göttlichkeit von seinen jüdischen Untertanen verlangte, daß sie ihm göttliche Ehren erweisen mögen, war es bereits um 39–41 zu blutigen Zusammenstößen gekommen. Der römische Historiker Sueton berichtet, daß Caligulas Nachfolger »Kaiser Claudius die Judenchristen aus Rom anno 49 vertrieb«, weil sie »von Chrestus (sic!) aufgehetzt, fortwährend Unruhen stifteten«. Hinter dieser kurzen Notiz verbirgt sich der Tatbestand, daß Auseinandersetzungen um Jesus zwischen Römern und Jesuanern des öfteren Unruhen auslösten, die auch zu öffentlichen Ausschreitungen führten. Seit dem Jahre 50 verschlechterten sich die Beziehungen zwischen Römern, Judenchristen und Heidenchristen, und wenn auch für ein paar Jahre wieder Friede einkehrte, blieb auf beiden Seiten viel Bitterkeit zurück.

Als Paulus im Winter 54/55 nach Rom schrieb, war es sein Anliegen, der Jesuanischen Restgemeinde eindringlich nahezulegen, alles Menschenmögliche zu tun, um neue Unruhen, römische Strafaktionen und Vertreibungen durch peinliche Erfüllung aller Bürgerpflichten zu vermeiden. Diesem Ziel hat er Kapitel 13 in seinen Römerbrief gewidmet.

Wieder einmal wird uns klar: Weder Jesus noch Paulus geben im Neuen Testament Verhaltensweisungen für alle Situationen, Zeiten und Orte. Sie bieten Lebensweisheiten, Einsichten und Richtlinien, die aber situativ durchdacht werden müssen, um – den veränderten Umständen und den sich wandelnden Zeitläuften entsprechend – in Anwendung gebracht zu werden. Daher ergibt sich z. B. keinerlei Analogie zwischen der Situation der winzigen Jesusgemeinde in Rom anno 55 und den zahlreichen »Deutschen Christen« anno 1935, als der Kaiser ein braunes Hemd trug. Seiner kleinen dezimierten Gemeinde in Rom empfahl Paulus damals, um des Überlebens willen, sich dem Staat unterzuordnen und die schweren Steuern ohne Widerstand zu bezahlen.

9. »Das Weib schweige in der Kirche!«

Was geht diese Frage den Juden an? So werden jetzt einige Leser einwenden. Sehr viel geht es ihn an, wie ich meine, da nämlich Paulus' Mißverhältnis zur Frau von einigen feministischen Theologinnen heutzutage den Juden insgesamt angelastet wird. Es gilt daher daran zu erinnern, daß sich Paulus in dieser Frage von seiner jüdischen Tradition erheblich entfernt hat – was man im Kontrast dazu dem Rabbi Jesus von Nazareth nicht nachsagen kann. Dieser hat, wie bekannt, in Übereinstimmung mit der pharisäischen Tradition der Frau wesentlich freundlicher gegenüber gestanden. Paulus jedoch steht in mehreren Bereichen unter starken gnostischen und stoischen Einflüssen, wie schon andernorts erörtert. Sind denn etwa seine Kreuzes-Theologie und seine griechische Gottes-Sohnschaft-Lehre auf jüdischem Mutterboden gediehen?! Keineswegs. Ähnlich unterliegt sein Frauenbild unjüdischen Vorbildern.

Obwohl er auch einige wohlwollende Aussagen über die Frau gelegentlich von sich gibt, überragen doch bei weitem die frauenfeindlichen Worte. Stellvertretend für ein ganzes Bündel solcher aus seinen Briefen seien folgende erwähnt:
– »Im Fleische ist nichts Gutes zu finden« (Röm 7,18)
– »Kein Mann sollte eine Frau berühren« (1 Kor 7,1)
– »Ehelicher Umgang ist nichts anderes als gierige Brunst« (1 Thess 4,5)

- »Am besten ist, daß keiner heirate« (1 Kor 7,7)
- »Der Mann ist das Abbild Gottes; die Frau hingegen ist nur der Abglanz des Mannes« (1 Kor 11,7)

Im Laufe der Jahrhunderte führten diese und ähnliche Aussagen des Paulus zur Benachteiligung der Frau in der Kirche, wogegen Evas Töchter in unseren Tagen Sturm laufen.

Um es gleich vorwegzunehmen: Die jüdische orthodoxe Frau ist heutzutage im Personenstandsrecht noch immer dem Manne nicht gleichgestellt. Das sind wohl die Spätfolgen der tausendjährigen Verfolgung, Dezimierung und Einengung in Ghettos quer durch Europa, denen die jüdische Gemeinschaft ausgesetzt war. Während all dieser Zeit ging es um das nackte Überleben, und jede Um- oder Neu-Interpretation der *Halacha* galt als Volksverrat, denn die Torah diente als »tragbares Vaterland«. Ich habe die Absicht, mich demnächst anderweitig ausführlich mit dieser Thematik zu befassen.

Die tapfere, selbständige jüdische Frau dürfte jedem Bibelleser bekannt sein. Die Rede ist nicht nur von den großen Gestalten wie Deborah, Miriam, Ruth, Esther, Jael, den fünf Töchtern Zelophchads, Bathschewa etc., etc, sondern auch von den vielen schlichten Frauen aus dem Volke, die jederzeit »ihren Mann« zu stellen wußten. Erinnert sei hier an die beiden Hebammen Schifra und Puah, die dem Pharao widerstanden haben, als er ihnen gebot, alle neugeborenen Hebräerknaben zu ertränken. Des Paulus Einebnung aller Frauen ist eine krasse Ausnahme geblieben. Abgesehen von den fremden Einflüssen, denen er ausgesetzt war, mag auch eine Krankheit – möglicherweise Epilepsie – zu seiner anti-fraulichen Stellung beigetragen haben. Es wird wohl sein Geheimnis bleiben. (Siehe mein Kapitel: »Was geschah vor Damaskus in der Wüste?«)

Es ist daher denkbar, daß einige der übelbeleumundeten Damen von Korinth bei ihm Anstoß erregten. Korinth war zu jener Zeit nicht nur eine bekannte Hafenstadt, sondern auch ein berüchtigtes Zentrum der Prostitution und Laster aller Art. Wenn er daher nach Korinth schreibt: »Die Frauen sollen in der Gemeinde schweigen ... Es soll ihnen nicht gestattet werden, zu reden ..., sondern sie sollen sich unterordnen.«

(1 Kor 14,34), besteht Grund zur Annahme, daß er wutentbrannt *einige* Korintherinnen, die ihm Ärger verursacht hatten, zum Schweigen bringen wollte. Hier sind wohl wiederum seine Worte situativ und ortsgebunden zu verstehen. Um eine prinzipiell negative Einstellung zur Frau geht es hier kaum. Sein Streit mit etlichen Frauen in Korinth hatte allerdings böse Folgen für das weibliche Kirchenvolk aller Zeiten. Ob er das wirklich beabsichtigt hat? Bei all seiner Genialität und begnadeten Rhetorik konnte er wohl kaum ahnen, daß jedes seiner Worte später in den Kirchen sozusagen als heilig erachtet werden würde.

10. Drei Decken der Überheblichkeit

Das dritte Kapitel im 2. Korintherbrief beginnt mit einer leidenschaftlichen Selbstverteidigung des Paulus gegenüber »gewissen Leuten« (3,1) in Korinth selbst, aber auch gegen Sendlinge von auswärts, die die Legimität seines Apostolats bestreiten und seine Autorität ernstlich in Frage stellen. Offensichtlich handelte es sich um Emmissäre aus der Urgemeinde in Jerusalem, die sowohl die Paulinische Christologie als auch seine eigenwillige Heilslehre als »unjesuanisch« zu bekämpfen entschlossen waren, wie wir aus der Pseudo-clementinischen Literatur entnehmen. Diese »Gegenmissionare«, die höchst wahrscheinlich mit »Empfehlungsbriefen (3,1) von den »Säulen« (Gal 2,9) der Urgemeinde in Jerusalem ausgestattet waren, genossen offensichtlich ein hohes Prestige in der Korinther-Gemeinde, so daß sie das Glaubensgebäude des Heidenapostels ins Wanken zu bringen drohten.

Daher die unüberhörbare Empörung Pauli, aber auch seine Verlegenheit, aufgrund seines Mangels an schriftlicher Beglaubigung – ein Manko, das er mit allen Kräften wegzuerklären versucht. Anstelle von Empfehlung und Verheißung weist er auf eine Vielzahl von Erfüllungen hin: die Verwirklichung des neuen messianischen Bundes (von Jer 31); das Ausgießen des endzeitlichen Geistes (vgl. Apg 2,16 = Joel 3,1), aber vor allem: die Ankunft von Gottes Doxa (Herrlichkeit) im Nabel des Heidentums: in der korrupten, übel beleumundeten Hafenstadt Korinth. Von der Selbstverteidigung geht Paulus in seinem Eifer nahtlos zum Gegenangriff über. Mit Nachdruck betont er, daß er gar keiner menschlichen Empfehlung bedarf, da ja seine Qualifikation als »Gottes Beauftragter« (2,17) ganz und gar von Gott allein herstamme.

Von Vers 3 an nimmt sein Gedankengang eine assoziative Wendung. Der Vergleich der Christusbotschaft gegenüber der jüdischen Gesetzeslehre tritt hervor. Moses wird herabgewürdigt (3,13), und Israel wird als »verblendet« beschrieben (3,14), worauf beide von Paulus als schwarzer Hintergrund mißbraucht werden, »um das Licht in unseren Herzen, um die Erkenntnis Gottes im Angesicht Christi (besser) zum Strahlen zu bringen« (4,6). Im Laufe dieser Polemik taucht Moses im Geiste vor ihm auf, der ja, wie Paulus in Korinth, einst ebenso gezwungen war, den Beweis für seine göttliche Berufung zu erbringen (Ex 3,11 ff.).

Und so widmet Paulus seine Aufmerksamkeit dem 34. Kapitel im Buche Exodus als Grundlage für seinen ausführlichen Vergleich. Im Vers 3,12 betont er das römisch-griechische Recht der *parrhesia*: das Privileg aller freien Bürger, barköpfig das Wort in der Öffentlichkeit zu ergreifen, das er als römischer Bürger beansprucht – nur um es als Antithese zu Mose hochzustilisieren. Offensichtlich tut er das, um seine eigene wacklige Autorität besser zu untermauern. (Sklaven, Fronarbeiter und Fremdlinge besaßen das Recht der »Barköpfigkeit« nicht – was zu seiner Überheblichkeit gegenüber Moses beitrug.) Als Schlüsselwort dient ihm dabei »die Decke«, die Moses (nach Ex 34,33) »auf sein Antlitz legte«, sobald er merkte, daß die Kinder Israels den Glanz auf seinem Gesicht, der von der Begegnung mit Gott auf dem Berge herrührte, nicht ertragen konnten. Jedesmal »wenn er hineinging vor Gott, um mit Ihm zu reden, tat er die Decke ab, bis er wieder herausging; und wenn er herauskam und zu den Kindern Israels redete, legte er sie wieder an« (Ex 34,34–35).

Wie Paulus nun mit dieser »Decke« umgeht, um sie je nach

Bedarf seiner Argumentation anzupassen, sucht seinesgleichen im ganzen Bereich rabbinischer Deutungsfreiheit. »Paulus deutet das Alte Testament gewaltsam um«, sagt Rudolf Bultmann (Kommentar zum 2. Korintherbrief, Göttingen 1976, S. 91). Von der Jerusalemer Urgemeinde blies Paulus ein scharfer Wind ins Gesicht: »Paulus predigt ein fremdes Evangelium, das nichts mit der Torah zu tun hat.« (Pseudo-Clementinen II, 6). Er läßt Moses zwar die Decke auflegen, aber für einen ganz anderen Zweck: »Damit die Söhne Israels nicht das Aufhören des Glanzes zu sehen bekamen, der vergänglich war.« (2 Kor 3,13) Warum aber muß Moses hier zu einem zwielichtigen Zauberkünstler degradiert werden?

Für die Hellhörigen liefert Paulus die eindeutige Antwort: »Wenn schon der (alttestamentliche) Dienst, der die Verdammnis bringt, Herrlichkeit hatte, wieviel mehr wird der Dienst, der die Gerechtigkeit bringt, eine Überfülle von Herrlichkeiten haben! Ja, was (auf seiten Moses') als von Herrlichkeit widerstrahlend (beschrieben wird), verliert alle Herrlichkeit, wenn man es mit der Überfülle von strahlender Herrlichkeit (auf seiten des Neuen Bundes) vergleicht.« (2 Kor 3,9–10). Kurzum: Jesus überragt angeblich Moses, und Ostern läßt den Sinai verblassen. In seiner Wut auf die Konkurrenzapostel aus Jerusalem scheint er hier in der Tat viel zu weit zu gehen.

Doch Paulus hat noch weiteren Gebrauch für seine »Decke«. Dreimal in drei Versen wechselt das Objekt, dem sie aufgelegt wird:
- In Vers 3,13 ist es das Gesicht des Moses – freilich nur, um das Verschwinden der göttlichen Strahlung zu verbergen;
- in Vers 3,14 verhüllt sie »das Alte Testament, wenn es im Gottesdienst verlesen wird«; wobei Paulus klarstellt, daß diese Verlesung zwecklos sei, »wenn sie ohne Christus geschieht«.
- In Vers 3,15 hängt die Decke schließlich »bis heute« auf den Herzen der nicht zu Jesus gekommenen Juden, wann immer Moses gelesen wird, »und erst wenn sie sich Christus zuwenden, wird die Decke abgenommen werden«.

Wir haben es also in 2 Kor 3 mit einer erzürnten, ja beleidigten Verteidigung eines Briefschreibers zu tun, der in äußerst gespannten Zwist mit einer von ihm gegründeten Gruppe über seine persönliche Autorität geraten ist.

Sein Missionsauftrag seit dem »Damaskus-Erlebnis«, und damit seine Berufungsehre werden von uns unbekannten Gegnern ins Zwielicht gerückt. Er weist die Anschuldigungen sarkastisch zurück, aber es bleibt nicht bei einer defensiven Verteidigung seiner Apostelwürde. In sich überstürzenden Sätzen entwirft Paulus, zwecks Stärkung der eigenen Amtsautorität, jenes dunkle Zerrbild des manipulierenden Moses und der »blinden Juden«, die zu den Hauptwaffen im Arsenal des christlichen Antijudaismus werden sollten.

Am Südostportal des Straßburger Münsters hat 2 Kor 3 eine steinerne Auslegung gefunden: Gegenüber dem Standbild der Kirche, gekrönt, erhobenen Hauptes und mit Herrscherstab in der Hand, steht – ebenfalls in Frauengestalt – die Synagoge, gebeugt, mit einer Binde vor den Augen, die Lanze in ihrer Hand vierfach zerbrochen. Zwischen Paulus und diesen beiden Frauenskulpturen liegen die Schmähpredigten der Kirchenväter und über ein Jahrtausend der Entrechtung, Erniedrigung und Demütigung der Juden. Der evangelische Theologe Hans Joachim Iwand meinte in diesem Zusammenhang in seiner Rückschau auf die Grauen des Holocaust und das weitreichende Schweigen der Kirchen zum Massenmord der Juden: »In diesem Falle lag die Decke eher vor den Augen der Kirche als über der Synagoge«. (Communio Viatorum II, 1959, S. 130)

Ob wohl Paulus von Tarsus den Propheten Jesaia vergessen hat, der da sagte: »Gott wird auf diesem Berge die Hülle wegnehmen (zur messianischen Endzeit), mit der alle Völker verhüllt sind, und die Decke, mit der die Heiden zugedeckt sind (die Gott noch nicht erkennen) wird Er entfernen.« (Jes 25,6–8). Paulus hat mit seinem Wutausbruch in 2 Kor 3 schweres Unheil für seine jüdischen Brüder und Schwestern gestiftet. Doch muß betont werden, daß dieses Bild des Apostels nicht seiner ganzen, komplizierten Persönlichkeit gerecht wird. Es bleibt die Hoffnung, daß Christen in Zukunft weniger Aufmerksamkeit den Zornausbrüchen und Flüchen des Paulus zollen werden, hingegen aber sein Vermächtnis von Röm 9–11 zur Richtschnur in ihrem Umgang mit Jesu Brüdern und Schwestern machen mögen. Zutiefst gesehen wäre ein solches Verhalten ganz im Sinne des Apostels: »Prüfet aber alles, und das Gute behaltet!« (1 Thess 5,21)

11. Von Götzenopferfleisch und Gemüse-Essern

Im Winter 54/55, als Paulus nach Rom schrieb, gab es dort eine bedeutende jesuanische Gemeinde, die aus Judenchristen, Heidenchristen und »Judenzern« (auf Lateinisch Judaisantes) zusammengesetzt war. Die meisten dieser Judenzer hatten sich beschneiden lassen. Ebenso gab es in der Stadt eine jüdische Gemeinde von etwa 50000 Mitgliedern, die in dreizehn Synagogen beteten. Nur zögernd wagt Paulus bei den Römern aufzutreten (Röm 1,11f.; 15,14f.), um so mehr, als der konkrete Anlaß seines Briefes seine Stellungnahme zu aktuellen Streitfragen war, die er zu schlichten wünschte. Der Apostel ermahnt die Streitenden, sich gegenseitig anzunehmen, und die Eintracht in der vielschichtigen Gemeinde nicht zu gefährden. Der eigentliche Gegensatz, der die Gemeinde in Rom zu spalten droht, ist der verschiedenartige Glaubensvollzug von »Beschnittenen« und »Unbeschnittenen«. Beiden verheißt Paulus, gut ökumenisch, daß »der Eine Gott die Juden aus dem Glauben und die Heiden durch den Glauben gerecht erklären wird (Röm 3,29). Abraham ist der Vater, so betont der Apostel, nämlich derer, die im Zustand der Unbeschnittenheit glauben (wie Abraham es anfangs tat) und derer, die nicht nur beschnitten sind, sondern auch in den Glaubensspuren Abrahams wandeln. So gilt also beiden die einst an Abraham ergangene Segensverheißung (Röm 4,12f.).

Ein weiterer Fragenkreis dreht sich um das Verhalten »der im Glauben Starken und Schwachen« zu Fleisch- und Wein-Genuß. »... Einer glaubt, alles essen zu dürfen – der Schwache aber ißt nur Gemüse. Wer (Fleisch) ißt, verachte den nicht, der nicht ißt – aber wer nicht alles ißt, soll den nicht verurteilen, der ißt – denn Gott hat ihn ja doch (in Seine Gemeinschaft) aufgenommen.« (Röm 14,2ff.) Mit anderen Worten: Die jüdischen Speisegesetze, an die sich auch Jesus zeitlebens gehalten hat, mußten zum Stein des Anstoßes in der gemischten Gemeinde zu Rom werden. Eine Enthaltung von Fleisch und Wein war zwar als Ausdruck frommer Askese in bestimmten jüdischen und hellenistischen Kreisen damals üblich – ohne jedoch biblisch geboten zu sein. Hier aber geht es nicht um freiwillige Enthaltsamkeit, sondern vielmehr um die Furcht Torah-treuer Judenchristen (vgl. Mt 5,17f.), Fleisch zu essen, das als »untauglich zum Verzehr« verboten war (Dt 14,3ff.) bzw. nicht nach jüdischem Ritus geschlachtet wurde (Dt 12,20ff.) – oder aber auf heidnischen Märkten als Opferfleisch verkauft worden war. Dasselbe gilt für Wein, der zuvor für heidnische Trankopfer verwendet wurde und dessen Restbestände später verbilligt zum Verkauf angeboten wurden (vgl. 1 Kor 10,20–22).

Die Judenchristen strikter Observanz konnten sich hier unmittelbar auf Jesus beziehen, der ja auch im Zeugnis des Paulus »unter die Torah getan war« (Gal 4,4) und gekommen war, »um ein Diener der Beschneidung zu sein« (Röm 15,8). Beide Aussagen beabsichtigen nichts anderes, als seine bedingungslose Torah-Treue hervorzuheben. Ebenso akzeptieren sie ohne Abstriche sein klares Bekenntnis zum Mono-Theismus: »Wir haben alle die Erkenntnis, daß es keine Götzen in der Welt gibt, und keiner Gott ist außer Einem.« (1 Kor 8,4) Nach diesem eindeutigen Bekenntnis zum Einzigen, Einen Gott fährt Paulus fort: »Denn wenn es noch so sehr sogenannte Götter gibt, sei es im Himmel oder auf Erden, wie es ja tatsächlich viele solcher Götter und Herren gibt, ist doch für uns (Juden, Jesuaner und Judenchristen) nur Einer Gott, Der Vater nämlich, aus Dem alles ist ...« (1 Kor 8,5–6) Aus diesem Tatbestand folgerten etliche der hellenistisch geschulten Judenchristen, daß man ruhig sogenanntes »Götzenopferfleisch« essen dürfe, da es ja keine Götzen gebe und »daß nichts an sich unrein ist; nur für den, der es für unrein hält, ist es unrein« (Röm 14,14).

Von hier war es nur ein gedanklicher Katzensprung für »die

Starken im Glauben«, wie Paulus sie nennt, sich seiner Schlußfolgerung anzuschließen: »Speise wird uns nicht vor Gottes Gericht bringen. Essen wir (Götzenopferfleisch) nicht, so werden wir darum nicht weniger gelten. Essen wir aber davon, werden wir darum nicht besser sein.« (1 Kor 8,8) Die angeblich »Schwachen im Glauben« (Röm 13,1) hingegen stimmten Paulus zu, daß die von Heiden angebotenen Götzenbilder keineswegs »Götter« waren, sondern »dürftige armselige Geister« (Gal 4,9), daß aber ihre Verehrung die Natur des Menschen recht wirksam zu verderben vermag. Um all dies zu vermeiden, enthielten sich diese bibeltreuen Judenchristen von allem Wein- und Fleischgenuß, um auch in Fragen der Kost ihrem Meister Jesus die Treue zu halten.

Paulus versucht zwar sein Bestes, um die beiden Schulen zur gegenseitigen Toleranz zu bewegen: »Streitet nicht über Meinungen!« (Röm 14,1) und »Du aber, was richtest Du Deinen Bruder?« (Röm 14,10) Und er schließt: »Nehmt einander doch an!« (Röm 15,7) Vergeblich! Alle Versuche des Paulus, eine ökumenische Ko-Existenz in Rom anzubahnen, scheiterten mit der endgültigen Spaltung der Gemeinde in Torah-treue Judenchristen und in Heidenchristen, die sich bald darauf der werdenden Weltkirche anschlossen. Der Traum des Paulus war es, Juden und Heiden jesuanischer Überzeugung zu einer losen Gemeinschaft des Glaubens zu führen »durch das Band des Friedens, wie Ihr alle berufen seid zu einer Hoffnung ... unter Einem Gott ...« (Eph 3,4–5). All dies war seine Stoßkraft und seine Motivation, es blieb aber im Reiche der Utopie.

VII. »Die Milch-Diät«: des Paulus Heidenpädagogik

Drei Etappen können wir im Werdegang der jesuanischen Glaubensbewegung unterscheiden, die dadurch entstanden war, daß eine Anzahl von Mitjuden sich auf Jesus einließ:
- Ein Glauben *mit* Jesus, an seine Botschaft vom nahenden »Himmelreich auf Erden« und der Dringlichkeit menschlicher Mitarbeit, um dessen Verwirklichung zu beschleunigen.
- Eine innerjüdische Bestrebung, nach Ostern Glauben zu lernen *wie* Jesus – bis in den Tod hinein und in »die Auferstehung« – wie immer man diese auch definieren wollte.
- Ein Glaube *an* Jesus – als »das Ja Gottes« zu allen Verheißungen (2 Kor 1,20); als Heilsbringer und als Beginner einer Äonenwende.

Während die ersten zwei Phasen innerjüdisch vollziehbar waren, führte die dritte – als Personenverehrung – zur griechisch verbrämten Apotheose Christi – und hiermit aus dem normativen Judentum hinaus. Mit ihr endet das ursprüngliche »Judenchristentum«, und hier beginnt die große Weltkirche – mit Paulus als dem Theologen der Wendezeit.

Brückenbauer in diesem epochemachenden Übergang war in der Tat Paulus von Tarsus, der mit einem Bein in Athen und dem anderen in Jerusalem stand – ein Mann zweier Welten, der beide, vor allem in seinem eigenen Herzen, zu versöhnen oder zumindest zu harmonisieren bestrebt war. Aus der Tiefe seines jüdischen Glaubens wußte er, daß auch die erhabenste Vision so gut wie wirkungslos bleibt, wenn sie nicht mit feuriger Redegewalt verkündet wird. Diese Einsicht gab ihm den Mut zur theologischen Phantasie und zur flexiblen Anpassung seiner Botschaft an die Gedankenwelt seiner jeweiligen Zuhörer. Aus seiner schillernden Heilstaktik machte er auch kein Hehl: »Den Juden bin ich ein Jude geworden, um die Juden zu gewinnen ... den Heiden wurde ich wie einer außerhalb des Gesetzes, um die

Heiden zu gewinnen ... ich wurde alles für alle, damit ich auf alle Weise etliche rette. Alles aber tue ich um des Evangeliums willen, um an ihm teilzuhaben.« (1 Kor 9,19–22) Um in der Tat »alles für alle« zu werden, mußte er sich den Götterglauben seiner hellenistischen Umwelt zunutze machen, um mundgerecht vor ihr predigen zu können.

Wes Geistes Kind diese Umwelt war, kann unschwer umrissen werden: »Dies ist der Mann, der längst von den Vätern verheißene Caesar Augustus, Sohn Gottes und Bringer der goldenen Endzeit.« So sang Vergil in seiner »Aeneide« von Kaiser Augustus (27 vor bis 14 nach), dem schon zu Lebzeiten kostbare Tempel gebaut wurden, woraufhin sein Kult alle anderen Gottesdienste in weiten Teilen des Kaiserreiches verdrängte. Der Kaiserkult, in dem man Augustus als »Heilsbringer« und »Erlöser« des römischen Reiches, als Wohltäter und Erretter der Menschheit, als »Licht der Welt« und als »Sohn Gottes« verehrte, will keineswegs bloß Ausdruck höfischer Schmeichelei oder Untertanentreue sein.

»Wir glauben«, so schreibt Seneca vom Kaiser, »daß er Gott sei; nicht, daß es uns nur befohlen wurde.« Wie das Wort »Evangelium«, das die Botschaft von der Thronbesteigung eines römischen Herrschers bezeichnete, ist auch der christologische Ehrenname »Heiland« *(Sotér)* als heidnische Prädikation bereits im altbabylonischen Schrifttum nachweisbar und wurde schon im 4. vorchristlichen Jahrhundert zum Ehrentitel hellenistischer Herrscher.

»Kyrios« (der Herr) ist ein echt orientalischer Würdetitel, den sich die Kaiser Claudius und Nero amtlich aneigneten. Unter Domitian (81–96) genoß die Prädikation »Unser Herr und unser Gott« (Dominus et Deus noster) offizielle Geltung am kaiserlichen Hof. Der bald darauf schreibende vierte Evangelist legt dementsprechend dem Thomas das Wort in den Mund: »Mein Herr und mein Gott! (Joh 20,28) Zu guter Letzt sei betont, daß alle Besuche der Kaiser außerhalb Roms wie das Erscheinen, die »Epiphanie« oder »Parusie« eines Gottes gefeiert wurden, so daß der Kaiserkult für Millionen von Untertanen des Römerreiches zur Religion werden konnte. In solch einem geistigen Klima von Aberglauben und Leichtgläubigkeit war es gang und gäbe für alle jene, »die das Geschöpf verehren statt den Schöpfer, Gottes Wahrheit in Lüge zu verkehren«, wie Paulus den Römern schreibt (Röm 1,25).

Wie rasch und wie leicht so manche Heiden zu Lebzeiten des Paulus bereit waren, Charismatiker zu ver-gotten, erfahren wir aus der Apostelgeschichte: »Nun lebte in der Stadt ein Mann namens Simon, der Zauberei betrieb und das Volk in seinen Bann zog, weil er vorgab, etwas Großes zu sein. Und alle hingen an ihm, klein und groß, und sprachen: ›Dieser ist die Kraft Gottes, die die Große genannt wird.‹« (Apg 8,9f.). Eine ähnliche »Menschwerdung Gottes« erlebte Paulus am eigenen Leib, als die Lykaonier, bei denen er einen Gelähmten geheilt hatte, ihn zu Hermes, und seinen Gefährten Barnabas zum Zeus erhoben – worauf sie ausriefen: »Die Götter sind den Menschen gleich geworden und zu uns herabgestiegen!« Der Priester des Zeus ließ hierauf Stiere und Kränze vor das Stadttor bringen und wollte ihnen Opfer darbringen (Apg 14,11ff.). An Klarheit läßt auch der Bericht über den Aufenthalt des Paulus in Malta nicht zu wünschen übrig. Als er dort von einer Schlange gebissen wurde, ohne dabei Schaden zu nehmen, »da sprachen die Leute: »Er ist ein Gott!‹« (Apg 28,3–6). Was wunders, daß auch bei den Heidenchristen in Korinth ähnliche Ansichten selbst nach ihrer Taufe weiter wuchern konnten, wie wir aus der unwirschen Rüge des Paulus entnehmen können: »Einige von Euch haben eine falsche Vorstellung von Gott. Zur Beschämung sage ich es Euch!« (1 Kor 15,34).

Um seine Schützlinge »in der wahren Erkenntnis Gottes wachsen zu lassen« (Kol 1,10), entschloß er sich, umsichtig und gut pädagogisch vorzugehen. Eine Rückbesinnung auf seine eigene Kindheit war ihm dabei hilfreich: »Als ich ein Kind war, da redete ich wie ein Kind und dachte wie ein Kind und war klug wie ein Kind. Als ich aber ein Mann wurde, tat ich ab, was kindisch war.« (1 Kor 13,11) In diesem Sinne kann er die Korinther ermahnen: »Liebe Brüder, seid nicht Kinder, wenn's ums Verstehen geht; sondern seid Kinder, wenn es um Böses geht; im Verstehen aber seid vollkommen.« (1 Kor 14,20)

Um dieses Ziel zu erreichen, bedient er sich jüdischer Didaktik und rabbinischer Terminologie: »Ich, liebe Brüder, konnte mit Euch nicht reden wie mit geistlichen (Menschen), sondern wie mit fleischlichen (Menschen), wie mit unkundigen Kindern ... *Milch* habe ich Euch zu trinken gegeben, und nicht feste Speise, denn Ihr konntet sie noch nicht vertragen. Auch jetzt könnt Ihr's noch nicht.« (1 Kor 3,1–2). Das meinte wohl auch Jesus, als er zu seinen Jüngern sagte: »Ich habe Euch noch viel zu sagen, aber Ihr könnt es jetzt noch nicht tragen.« (Joh 16,12)

Im selben pädagogischen Sinn heißt es im Hebräerbrief: »Darüber (über Christologie) hätten wir noch viel zu sagen; aber es ist schwer, weil Ihr so unverständig seid ... Ihr habt es nötig, daß man Euch die ersten Buchstaben der göttlichen Weisung lehre, und daß man Euch *Milch* gebe und nicht feste Speise. Denn wem man noch *Milch* geben muß, der ist unerfahren in der Gotteslehre, denn er ist ein kleines Kind. Feste Speise aber ist für die Vollkommenen.« (Hebr 5,11–14) Derselben Erziehung dient auch der Aufruf im 1. Petrusbrief: »So legt ab alle Bosheit, allen Betrug, Heuchelei und Neid ... und seid begierig nach der vernünftigen, lauteren *Milch*, wie die neugeborenen Kindlein, damit Ihr durch sie zunehmt zu Eurem Heil.« (1 Petr 2,1–2)

Die Anspielungen klingen für jüdische Ohren wie ein theologischer »Wink mit dem Zaunpfahl«, der besagt, daß man sich bei Neulingen im Gottesglauben der »Kindersprache« bedienen sollte, um den Denkstrukturen und Redeweisen ihrer ehemaligen Mythologien entgegenzukommen. Hier ist zu bemerken, daß »*Milch*« im rabbinischen Sprachgebrauch den Wortsinn all jener Anthropomophismen bezeichnet, die Gott z. B. als den »Rechten Kriegsmann« (Ex 15,3) schildern, und Ihn mit Händen, Augen, Füßen, einer Nase und sogar einer Rückseite (Ex 33,23) ausstatten, wie im Wortlaut der Hebräischen Bibel nachzulesen ist. Als »feste Speise« gilt hingegen der *sensus allegoricus* und die sogenannte höhere Exegese (b Schabbath 119b), für die Paulus die meisten seiner Neu-Christen als unreif erachtet.

»Die Torah spricht in der Sprache der Menschen«, so lautet ein oft wiederholter Leitsatz der Rabbinen (Ber 31 a; Ket 67 b; Jeb 71 a), der alle Anthropomorphismen zu Stilblüten reduziert, vor jeder sklavischen Wortwörtlichkeit im Schriftverständnis ausdrücklich warnt und aller »Eisagese«, also dem Hineinlesen, klare Grenzen setzt. Hieraus wurde gefolgert, daß jedweder strenge Literalismus – was Luther später als »Buchstabilismus« verpönte – zur Ketzerei führen müsse (b Kidd 49 a). Ansonsten hätte Gott ja menschliche Gliedmaßen, würde im Himmel »lachen und spotten« (Ps 2,4) und »erging sich im Garten Eden in der Kühle des Nachmittags« (Gen 3,8).

Was für die Anthropomorphismen der Hebräischen Bibel gilt, sollte auch für die Theomorphismen im Neuen Testament gelten – insbesondere die überschwenglichen, deren sich Paulus mit Vorliebe bedient. Kenner der Religionsgeschichte wissen, daß viele seiner panegyrischen Theologumena den Hymnen des Kaiserkults und des Mithraismus entliehen wurden – jener populären Erlösungsreligion um die Zeitenwende, die im 3. Jahrhundert von Kaiser Valerian zur römischen Reichsreligion erklärt worden war. »Wenn das Christentum in seinem Wachstum durch irgendeine tödliche Krankheit aufgehalten worden wäre«, so schreibt Ernst Renan in seiner Biographie über Marc Aurel (1928), »so wäre die Welt heute mithraisch.«

Zurück zum Nazarener und seiner Wirkungsgeschichte. Im Jesuskerygma der jüdischen Urgemeinde vertraute man ihm als Meister, Rabbi und »Mann Gottes«, man ließ sich auf ihn ein und stellte »die Sache Jesu« in die Mitte der ursprünglichen Frohbotschaft. Im Christus-Kerygma hingegen, das später auf griechischem Sprachboden zur Welt kommt – insbesondere als Frucht der paulinischen Heilspredigt – wird der Nazarener christologisiert; der Verkündiger wird zum Verkündigten; der gläubige Jude Jesus wird zum geglaubten Heiland, womit die Person Jesu in die Mitte der neuen griechischen Heilslehre rückt.

Pedantische Texttreue ist ein Hemmschuh für die zündende

Verkündigung des Gotteswortes, so fühlte Paulus. »Denn der Buchstabe allein tötet ja, aber der Geist macht lebendig!« (2 Kor 3,6) Mehr noch, so suggerierte ihm sein vulkanisches Temperament: Wortklauberei lähmt alle Inspiration und erstickt die zielstrebige Dynamik des göttlichen Heilshandelns im Keim. Wortgebundenheit, so dachte Paulus, ist daher nicht nur Kurzsicht und Kleingläubigkeit, sondern letzten Endes lästerlich: Es ist die Kunde vom festgefrorenen und verfügbaren Gott. Der Nachsatz zum 1. Korintherbrief ist kennzeichnend für ihn: »so jemand den Herrn Jesus Christus nicht liebhat, der sei verflucht. Die Gnade des Herrn sei mit Euch!« (1 Kor 16,22f.) Liebe, Fluch und Gnade – in einem Atemzug. Das ist Paulus wie er leibt und lebt.

Seine grundlegende Einsicht in die Freiheit der Predigt führte Paulus zur Entdeckung der Vieldeutigkeit so mancher biblischer Grundaussagen. Als Beispiel, stellvertretend für viele andere, diene uns der neutestamentliche Würdetitel »Sohn Gottes«, obwohl Jesus ihn in den Berichten der drei Synoptiker nirgends auf sich selbst bezieht. Mit dichterischer Freiheit bezieht die Hebräische Bibel dieses Prädikat nicht nur auf die Engel – immer in der Mehrzahl – oder übernatürliche Wesen (Gen 6,1ff.; Hiob 1,6), sondern auch als Beiname für das ganze Volk Israel (Ex 4,22f.; Hosea 11,1). Ebenso auf zwei Kategorien von Sterblichen, die besondere Gottesnähe beanspruchen dürfen: als Würdetitel für den König im alten Israel – vor allem David (2 Sam 7,14) und als Lob für gerechte, torah-treue Juden (Dt 14,1; Jer 31,9). Im Königspsalm, der am Ende der Krönungszeremonie in Jerusalem vorgetragen wurde, heißt es »Der Herr hat zu mir gesagt: ›Mein Sohn bist Du, heute habe ich Dich gezeugt.‹« (Ps 2,7). Wer die Psalmenliteratur mit ihren poetischen Kühnheiten kennt, der weiß, daß für ihren Autor das Prinzip der dichterischen Freiheit Teil seines Wesens und seiner Botschaft war. Vielleicht war diese Vieldeutigkeit vieler biblischer Schlüsselbegriffe für Paulus eine Einladung zur geschmeidigen Flexibilität seiner Predigt vor den zu bekehrenden oder neu bekehrten Heiden.

In diesem Sinne konnte er mit gutem Gewissen *seinen* Jesus

um-mythologisieren, indem er den Nazarener seines jüdischen Nimbus als Rabbi, Prophet und »Menschensohn« entkleidete, um ihn mit dem griechischen Legendenkranz von »Kyrios« (Herr), dem (gebürtigen) »Gottessohn« und dem »Weltenheiland« *(Sotér)* zu umhüllen. Denn als römischer Bürger und gebürtiger Tarser aus Kleinasien, dem es ein leichtes war, »den Griechen ein Grieche zu sein« (1 Kor 9,20), fühlte er sich berufen, die Heiden mittels seiner kynisch-stoisch-hellenistisch angehauchten Christologie zum Gott Israels zu führen. Eine Soteriologie, die im Judentum weder Anklang finden konnte – noch sollte! –, denn sie war ja letztlich »zur Bekehrung der Heiden« bestimmt (Apg 15,3), wie er dem »Apostelkonzil« in Jerusalem erklärte, wo er die volle Anerkennung der Heidenchristen als Glieder der einen Gemeinde der Jünger Jesu erreichen konnte.

Heißt das etwa, daß Paulus den Nazarener verzerrt, entjudet oder umgestaltet hat? Aus der Frage des Paulus »ist denn Christus in Teile gespalten?« (1 Kor 1,13) ergibt sich der Eindruck, daß seine Jesuspredigt für viele, oft widersprüchliche Deutungen offen war. Einige seiner Selbstaussagen machen den nachdenklichen Leser stutzig: In der Hitze des Wortgefechtes mit jüdischen Partnern versteigt er sich zum erregten Geständnis: »Wenn die Wahrheit Gottes durch meine Lüge zu Seiner Ehre überströmender geworden ist, warum werde ich dann noch als Sünder gerichtet?« (Röm 3,7) Klingt das nicht wie die Apologetik eines theologischen *Milch*-Produzenten? Doch nicht nur um Kindererziehung geht es dem Paulus in seiner Heidenpredigt; in schweren Fällen muß er zuallererst geistige Geburtshilfe leisten. Inmitten einer Mahnrede schreibt er den Galatern: »Meine lieben Kinder, die ich abermals unter Wehen gebäre, bis Christus in Euch Gestalt gewinne« (Gal 4,19). Hier also geht es um sokratische Mäeutik – jene griechische »Hebammenkunst«, die durch geschickte Fragen die im Schüler schlummernden, ihm aber unbewußten richtigen Antworten und Erkenntnisse heraufzuholen vermag.

Nur wenn man den bekannten Hang der heidnischen Zeitgenossen des Paulus zur Apotheose von Herrschern, Wundertätern und Charismatikern im Auge behält und seine wiederholte Einschätzung seiner Neu-Christen als »geistige Kinder« in Rechenschaft bringt – gekoppelt mit seinem verständlichen Wunsch, seine Botschaft den Denkstrukturen seiner »Griechen« anzupassen, nur dann kann man die Paulinische Verlagerung von der Sache Jesu zur Person Christi, von der Jesuologie der Urgemeinde zur Christologie der Heidenkirche richtig verstehen.

Jüdisch ist das Neue Testament auch in seinem unverkennbaren Meinungspluralismus. Nirgends aber ist der Widerstreit zwischen seinen jüdischen Grundlagen und seinem hellenistischen Überbau offensichtlicher als in der fundamentalen Dichotomie, die quer durch alle seine Schriften läuft: Es geht um den exklusiven Absolutismus der Christozentrik und den inklusiven Universalismus der Theozentrik – eine deutliche Bipolarität, die insbesondere in den Paulusbriefen hervortritt. Mit all seiner Verehrung für Jesus überwiegt aber auch bei Paulus der Theozentrismus sowohl in seiner jüdischen Nachdrücklichkeit als auch in der Häufigkeit seiner Betonung:
- »Gott aber ist nur ein Einziger« (Gal 3,20)
- »Es gibt ja nur Den Einen Gott, Der gerecht macht« (Röm 3,30)
- »Gelobt sei Gott, Der uns alle gesegnet hat« (Eph 1,3)
- »Ein Gott und Vater aller, Der da ist über Allen, durch alle und in allen« (Eph 5,6).

Wer die Paulusbriefe im Originaltext mit Aufmerksamkeit liest, merkt bald, daß zahlreiche Stellen, die vom »Glauben Jesu« sprechen, des öfteren unrichtig auf Deutsch als »der Glaube *an* Jesus« übersetzt worden sind. So heißt es z. B. in Röm 3,22: »Gottes Gerechtigkeit wird durch den Glauben Jesu (nicht *an* Jesus) offenbar«. In Phil 3,9 sagt Paulus, er habe seine Gerechtwerdung nicht aus dem Gesetz, »sondern durch den Glauben Jesu« (nicht: *an* Jesus). In Gal 2,20 schreibt er: »Soweit ich jetzt noch im Fleische lebe, lebe ich im Glauben des Sohnes Gottes ...« (nicht *an* den Sohn). In Gal 3,22 heißt es: »Die Schrift hat alles der Sünde verfallen erklärt, damit die Verheißung auf Grund des Glaubens Jesu Christi (nicht: *an* Jesus Christus) denen, die glauben, zuteil wurde.« In über zwei Dutzend weiteren Stellen in den Briefen ist vom »Glauben« schlechthin die Rede, oder vom »Glauben Jesu« – wobei etliche Male dieser Glaube als »der Glaube an Gott« spezifiziert wird, wie z. B. in Röm 12,3; Röm 15,13; Gal 3,7; etc., etc. Hierbei weist der Zusammenhang des öfteren auf Jesus als den an Gott gläubigen Menschen hin. Paulus hat also in zahlreichen Stellen seiner Briefe seine Adressaten auf den persönlichen Glauben Jesu hingewiesen, um sie aufzufordern, genau so gesinnt zu sein, wie Jesus es war, und dessen Glauben in all seiner Unabdingbarkeit nachzuahmen.

In der heutigen Rückschau erweist sich Paulus als Haupt-Theologe der Frühkirche, dem es gelang – mittels des von ihm gräzisierten Nazareners –, den Glauben an den Gott Israels bis an die vier Enden der Welt zu bringen. Paulus lebte in einer Zeit des Umbruchs im Mittelmeerraum, in der die Götzendienste und die Kulte der Viel-Götterei allerorts zu Ende zu gehen begannen. Diesen Kairos eines präzedenzlosen Glaubensvakuums, das in einem immer stärker werdenden Durst nach Transzendenz zum Ausdruck kam, erweckte in ihm das Gefühl einer Sternstunde und zugleich das Sendungsbewußtsein, dem biblischen Glauben zur weltweiten Verbreitung zu verhelfen.

Um dieses Unterfangen zu fördern, war er aber bereit, allzu viele Konzessionen an die heidnischen Glaubenstraditionen seiner Umwelt zu machen, sowie Synkretismen und religiöse Vermischungen in Kauf zu nehmen. Diese übereifrige Anpassung zeitigte jedoch sehr bald böse Folgen für seine jüdischen Brüder und Schwestern, die dann einen schweren Blutzoll dafür zu zahlen hatten. Wieder einmal stellt sich heraus, daß der Zweck eben doch nicht die Mittel heiligt. Das in seiner Euphorie vergessen zu haben, war wohl der Kardinal-Fehltritt seiner Glaubens-Odyssee.

VIII. Paulus und Qumran

1. Das Rollen-Drama vom Toten Meer

Wer sind die Helden des »Rollen-Dramas« von *Qumran* am Toten Meer? Vor allem eine verirrte Ziege, ein armer Beduinen-Hirte, ein schlitzohriger Syrischer Metropolit, gerissene orientalische Mittelsmänner, geriebene New Yorker Antiquitäten-Händler und nicht zuletzt alte Gelehrte, die noch ältere Schriftrollen entschlüsseln – oder deren Inhalt um jeden Preis verheimlichen wollten. Eine solche Aufregung konnten sich die paar Juden, die zwischen 180 vor und 68 nach unserer Zeitrechnung von Jerusalem nach Qumran flohen und dort ihre Schriftrollen hinterließen, in ihren kühnsten Träumen wohl kaum vorstellen. Ihre heilige Ruhe wollten sie dort haben, um dem Heil intensiv nachpirschen zu können. Diese Rechnung haben sie aber ohne den Wirt gemacht – nämlich ohne den Drang der heutigen Wissenschaft und der Presse: »Publiziere oder krepiere!« Herkömmliche und modernste Mittel, von der Lupe bis zu radioaktiven Datierungsmethoden wurden und werden eingesetzt, um qumranische Gepflogenheiten und Kontroversen, Visionen und Alpträume auf der »theologischen Couch« zu analysieren. Das Interesse erstreckt sich bis auf damalige Familienstrukturen und eventuelle sexuelle Abstinenz.

Zwischen den Jahren 1947 und 1956 wurden in der Wüste Juda und in Felsenhöhlen über dem Toten Meer – circa 55 Kilometer von Jerusalem entfernt – mehrere tausend Schriftstücke gefunden oder ausgegraben. Zumeist sind sie Hebräisch geschrieben, mit aramäischen und griechischen Ausnahmen, von zentimeter-großen Fragmenten und Fetzen bis zu intakten Rollen, deren längste sich auf etwa 15 Meter erstreckt. Das Material besteht im wesentlichen aus Lederbögen, die sich aus aneinandergenähten Fellen zusammensetzen. Aufregende Ausnahmen bilden zwei »Kupferrollen« und etliche Papyrus-Rollen.

Lassen Sie uns nun die zwei Grundfragen erörtern: Was geschah im »Rollendrama« ab 1947, und was ereignete sich 2100 Jahre zuvor? Anno 1947 stieß ein Beduine, auf der Suche nach einer entlaufenen Ziege, in einer einsamen Felsenhöhle unweit von Jericho auf antike Tonkrüge, in denen sich gut erhaltene Schriftrollen befanden. Er erfaßte die Wucht seiner Entdeckung keineswegs – wohl aber taten es seine »Oberen«. Die Antiquitätenhändler von Bethlehem und Jerusalem sowie der syrische Metropolit standen ihnen nicht nach. Von nun an riß jeder an sich, was die Erde von sich gab. Einer der Beduinenstämme beanspruchte sogar exklusive Ausgrabungsrechte für die halbe Wüste. Ganze Felsblöcke wurden abgetragen, ja, auch Fälscher begannen sich an der enthüllungsträchtigen Lage zu laben.

Wer waren die interessierten Käufer, deren Wettstreit die Preise alsbald in unermeßliche Höhen trieb? Im wesentlichen waren es:

1. Christliche Geistliche verschiedener Konfessionen, die mit Zittern und Zagen ketzerische Enthüllungen über die Entstehungsgeschichte des Urchristentums befürchteten – und um die Wahrung der Einmaligkeit und Konkurrenzlosigkeit Jesu von Nazareth und seiner Botschaft bemüht waren.

2. Israelische Forscher und Institutionen, die in den Menschen von Qumran, deren Schriftrollen und erst recht deren Aussagen einen willkommenen Beweis für die intensive Bindung der Vorfahren an das Heilige Land sahen. Qumran lieferte auch den langersehnten Nachweis für die Echtheit der überlieferten masoretischen Bibeltexte. Sie läßt sich u. a. am Paradebeispiel der best-erhaltenen kompletten Jesaia-Rolle aus dem zweiten nachchristlichen Jahrhundert ablesen. Das gesamte Alte Testament – mit der einzigen Ausnahme des Buches Esther – wurde seither in den Höhlen von Qumram entdeckt. Diese Lücke erweckt Neugier und bietet Grund für mannigfache Spekulationen: War dieses Buch für die »Ultra-Orthodoxen« von Qumran zweitrangig, da der Name Gottes darin nicht vorkommt? Darauf gäbe es Antworten! Oder war die ferne Diaspora von Persien außerhalb ihres Heils-Radius??

3. Der dritte Käuferkreis waren arabische Händler, die ange-

sichts der internationalen Nachfrage ein blühendes Rollen-Geschäft witterten.

Da Qumran anno 1947 noch zum damaligen Britischen Mandatsgebiet von Palästina gehörte, sollten nach dem Landesgesetz alle archäologischen Funde schlicht und einfach dem Rockefeller-Museum in Jerusalem abgeliefert werden. Ein naiver, weltfremder Traum unter orientalischen Umständen! Am 14. Mai 1948 endete, wie bekannt, das britische Mandat über Palästina, und am selben Tag wurde der Staat Israel ausgerufen. Das bisherige Emirat von Transjordanien beförderte sich dann selbst zum Königreich Jordanien, besetzte die »Westbank« und auch das Gebiet von Qumran. Diese Regierung »erbte« das Interesse an den Rollen und deren Besitz. Anno 1967 verlor Jordanien seinen Angriffskrieg gegen Israel, und somit kamen Qumran und auch das Rockefeller-Museum (welches die Regierung von Jordanien kurz zuvor verstaatlicht hatte) an Israel. Dieses hat daher die dortigen Schriftrollen geerbt – aber längst nicht mehr alle vorgefunden. Auch die jüdischen Archäologen von Jerusalem waren längst vom Qumran-Fieber infiziert.

Als Folge dieses spannenden internationalen Dramas befinden sich heute Rollen und Schriftstücke in folgendem Besitz: In Jerusalems »Israel-Museum«, in seinem »Schrein des Buches« sind acht guterhaltene, umfangreiche Schriftrollen und zahlreiche kleinere Schriftfragmente aufbewahrt und der Öffentlichkeit zugänglich. Sie wurden unter abenteuerlichen Umständen und für teures Geld schon ab 1947/48 erworben. Die Helden dieses Unterfangens waren Prof. Yigael Yadin und sein nicht weniger berühmter Vater, Prof. Eleasar Sukenik von der Hebräischen Universität in Jerusalem. Alle diese Rollen sind wissenschaftlich ediert und veröffentlicht worden. Dieser Teil des Museums gilt quasi als der »historische Augapfel« Israels. Kein anderes Ausstellungsobjekt genießt eine solch intensive Betreuung an Räumlichkeit, an Feuchtigkeits- und Lichtverhältnissen; ja, sogar Unterstände für Kriegszeiten stehen den kostbaren Rollen zur Verfügung. Während der irakischen Scud-Angriffe zu Anfang des Jahres 1991 wurden sie sofort tief in die

Erde versenkt – wo sie sich vermutlich am heimischsten gefühlt haben dürften.

Viele Hunderte von Rollen verschiedenster Größen wurden ab 1947 im Rockefeller-Museum in Ost-Jerusalem durch Père De Vaux, dem damaligen Direktor der Dominikanischen École Biblique, zwecks Edierung und Veröffentlichung betreut. Hier behaupten nun die beiden Co-Autoren Baigent und Leigh – und andere auch –, daß De Vaux einen Klüngel von Wissenschaftlern ernannt habe, welche die Rollen dann an sich rissen, um sie der Öffentlichkeit vorzuenthalten. Wahr ist auf jeden Fall, daß heute international großer Ärger über die jahrzehntelange Verzögerungstaktik herrscht – was immer auch ihre Motivation sein möge. Die Spuren so mancher Rollen verlaufen leider im orientalischen Sand. Gelegentlich tauchen aus dem Nirgendwo, aus Kellern oder aus Schließfächern Fragmente auf, die dann für Unsummen von Dollars international gehandelt werden.

Nun stellt sich die Frage: Was hätten gegebenenfalls der inzwischen verstorbene Père De Vaux, seine eventuellen Hintermänner und später seine Nachfolger eigentlich verbergen wollen? Vielleicht: Daß, o Schreck, schon die vorchristliche Gemeinde von Qumran ihren Messias für den jüdischen »Sohn Gottes« gehalten hat? Und daß es am Toten Meer, vor Jesus und zu seiner Zeit, Juden gab, die ein sakrales, gemeinschaftliches »Abendmahl« all-abendlich zu feiern pflegten? Teile des »Vaterunser«-Gebets wurden dort längst vor Jesus im Rahmen einer Gemeinde gebetet, die sich als »Der Neue Bund« verstanden hat und die ein Zwölfer-Gremium als Leit-Organ hatte.

Weitere Ecksteine des christlichen Heilsvokabulars, wie zum Beispiel »die bessere Gerechtigkeit«, »der Heilige Geist«, die ersten drei Seligpreisungen der Bergpredigt, der »Mebakker« als Vorläufer eines Bischofs, der »Versucher« als Anti-Messias, Dämonenaustreibung und Wunderheilung – all diese waren den Juden von Qumran längst vertraut. Diese Liste von sakralen Begriffen und Gebräuchen läßt sich unschwer verlängern und könnte angeblich die Originalität und Ursprünglichkeit des Nazareners und seiner Lehre in Frage stellen – wie häufig behauptet wird. Diese mutmaßliche Angst also von De Vaux, seinen Kollegen und Nachfolgern soll der Grund für die Verschleppungstaktik in der Veröffentlichung vieler Rollentexte gewesen sein?

Gegen eine solche selbstauferlegte Glaubensverteidigung – wenn es sie denn gäbe – dürfte nicht einmal der israelische »Mossad«, d. h. der Geheimdienst ankommen, sollte man ihn je auf die Rollenspur gesetzt haben. Außerdem dürfte der ohnedies mit Sorgen beladene Staat Israel Konfrontationen mit vatikanischen Behörden und der internationalen akademischen Welt scheuen. Jene Kreise in der Christenheit jedoch, die die alleinige, komplette Wahrheit gepachtet zu haben wähnen, werden sich von ein paar Schriftrollen aus der Wüste ohnehin nicht aus der Ruhe bringen lassen. Was die Höhlen von Qumran allerdings noch verbergen mögen und eventuell eines Tages freigeben werden, könnte so manche althergebrachten, liebgewonnenen christlichen Absolutheitsansprüche erheblich ins Wanken bringen. Allen Unken- und Kassandrarufen zum Trotz besteht jedoch kein Grund zur Befürchtung, daß die Kirche – die schon so manchen Sturm überlebt hat – an den Rollen von Qumran zugrunde gehen würde. An der bedauerlichen Verzögerung der Rollen-Veröffentlichung trifft den Vatikan und die katholische Kirche keine Schuld.

Das wahre Skandalon der Kirchen war und bleibt die Tatsache, daß das Christentum die einzige Weltreligion ist, deren Heiland zeitlebens einer anderen Religion angehört hat – dem Judentum. In *Jesu* Namen wurde später die Kirche gegründet – aber eben nicht durch ihn. Die Weg-Entwicklung der Tochter von ihrer Mutter sei dem Christentum unbenommen, aber zweifelsohne wären dem Rabbi von Nazareth Heilsbegriffe wie etwa Trinität, die Zwei-Naturen-Lehre, die griechische Gottes-Sohnschaft und die Zwei-Reiche-Lehre unergründliche Rätsel geblieben. Eines steht fest: Ohne Judentum ist das Christentum nicht denkbar. Aber ohne Qumran, seine Gruppen und deren Schriftrollen hätte die kirchliche Entwicklung ihren Lauf durchaus auch nehmen können.

Aber was geschah in Qumran von 180 vor bis im Jahr 68 nach

unserer Zeitrechnung? Hier muß vorerst festgestellt werden, daß die Namen »Qumran« und »Essener« in keiner der Schriftrollen vorkommen. Wie merkwürdig! Diese Rätsel gilt es zu lösen: Was »Qumran« betrifft, nehme ich an, daß es sich um eine arabische Verballhornung eines uralten biblischen Ortsnamens handelt. Solche Fälle gibt es in Israel heute zuhauf. Als Beispiel diene das gegenwärtige Silwan, welches auf das biblische Schiloach zurückgeht. Bei »Qumran« kann man analog dazu annehmen, daß der ursprüngliche Ort das biblische *Gomorrha* war, das uns im Buche Genesis in der Tat als in großer geographischer Nähe zum heutigen Qumran geschildert wird. Zum Begriff »Essener« ist die plausibelste Annahme wiederum eine Verstümmelung des Hebräischen: »Ossé« (Ha-Torah) – welches als Bezeichnung der Leute von Qumran überliefert wird. Dieses »Ossé« wurde verstümmelt zu »Ossenes« und später zu »Essener«. Der frühchristliche Autor Epiphanios von Salamis wußte von ihnen. Dem Historiker Josephus Flavius sind sie ebenfalls bekannt.

Hier fällt auf, daß das Zeitwort »Tun« im Sinne der Erfüllung der Torah-Gebote das häufigste Verbum im Sprachschatz des synoptischen Jesus ist. Auch Paulus bevorzugt in diesem Sinne, was das Judentum betrifft, »die Täter der Torah«, womit er die Getreuen der Torah-Ethik meinte. Die Männer von Qumran bezeichneten sich selbst jedoch nicht als Ossenes und schon gar nicht als Essener, sondern als »Juda« oder als »Haus Juda«, aber auch als »Die Verbannten der Steppe«. Diese heißt »Araba« auf Hebräisch – worauf ich noch zu sprechen kommen werde.

Daß Jesus von Nazareth auch in Qumran weilte, können wir aus einigen seiner Gleichnisse und Äußerungen entnehmen. Zeit genug hatte er ja dazu während seiner sogenannten »verborgenen Jahre«, nämlich von seinem 13. Lebensjahr, nach seiner »Bar-Mitzwah«-Feier in Jerusalem, bis zu seinem Auftreten in der Öffentlichkeit in seinem 30. Lebensjahr. Symptomatisch für seine Vertrautheit mit Essenern – von denen es damals übrigens in mehreren Orten Judäas Anhänger und Sympathisanten gab – ist folgende neutestamentliche Begebenheit: In Vorbereitung des gemeinsamen Pessach-Festes schickt Jesus zwei seiner Jünger zu einem Mann in Jerusalem, »der einen Wasserkrug« trägt, welcher ihnen ein »Obergemach« für das bevorstehende Pessachmahl besorgen würde. Dieser Mann muß ein Essener gewesen sein! Wieso? Im Orient trugen und tragen bekanntlich nur die Frauen die Wasserkrüge (was auch zu ihrer schönen Körperhaltung beiträgt). Wenn »der Mann« als sein eigener Wasser-Holer stadtbekannt war, muß er ein unverheirateter Essener gewesen sein!! Denn zölibatäre Mönche gab es im normativen Judentum nie, und ledige Männer lebten damals nicht als »Singles«, sondern im Rahmen ihrer Sippe. (Mk 14,13 – 16) Das Neue Testament stellt uns zwischen den Zeilen noch weitere Essener im engeren Umfeld Jesu vor, wobei er selbst jedoch kein Sektenmitglied war. Obwohl Jesus nicht Thema dieses Buches ist, sei darauf hingewiesen, daß er eklektisch etliche Qumran-Lehren annahm, andere wiederum ausdrücklich abwies.

Zurück zu unserer Frage: Wer ging eigentlich vor 2100 Jahren nach Qumran? Vor allem fromme Juden aus Jerusalem, die die herrschende Tempelverwaltung (einiger Dutzend Priester-Familien insgesamt) als nicht Torah-konform erachteten. Nicht aus Ablehnung des Kultes also, sondern aus Enttäuschung über die amtierende »Kuria« verließen sie die Heilige Stadt. (Vielleicht verbirgt sich hier eine Gesinnungsverwandtschaft mit Jesu »Reinigung des Tempel-Vorhofes«, von der die Evangelien berichten?) In der Wüste, dem klassischen biblischen Verheißungsort, wollten die qumranischen Aussiedler das Kommen des Messias und die Läuterung Jerusalems erwarten. Zu Leuten dieser Motivation gesellten sich während der brutalen Römerherrschaft in Jerusalem häufig auch flüchtende Zeloten und Widerstandskämpfer gegen das Heidenjoch. Die meisten von ihnen waren prinzipiell unbeweibt. Interessanterweise fand man jedoch in Qumran auch einige weibliche Skelette, die noch immer Anlaß zu reizvollen Spekulationen bieten.

Bei unserem Bruder Paulus, dem Rabbi Schaul von Tarsus, fällt die geistige Nähe mit Leuten von Qumran besonders auf.

Vor allem vier Richtigstellungen des gängigen Paulus-Bildes sind – seit der Entdeckung der Rollen von Qumran – dringend geboten:

a) Paulus ging auf seiner weltberühmten Reise nicht nach Damaskus in Syrien
Wie hätten Rabbinen in Jerusalem es wagen können, ihn in eine andere, eigenständige römische Provinz zu senden (die von einem anderen römischen Statthalter regiert wurde), mit dem angeblichen Auftrag, dort Menschen zu verfolgen und gefangen zu nehmen? Unter römischen Herrschaftsstrukturen war dies ein Ding der Unmöglichkeit! Man höre und staune: Nicht nach Syrien ging Paulus, sondern nach *Qumran*! (Dieser Ort, unweit vom Toten Meer, lag innerhalb der Jurisdiktion von Jerusalem und war unter dem Code-Namen Damaskus in apokalyptischen Kreisen bekannt.) So manche jüdische Quelle liefert Beweise für diese Annahme. So wird z. B. vom Propheten Elia, der als dereinstiger Wegbereiter des Messias gilt, berichtet, daß er in zeichenhafter Vorwegnahme der Endzeit einen Ort namens »Damaskus in der Wüste« (1. Kön 19,15f.) aufgesucht habe. Dies läßt uns aufhorchen angesichts der Tatsache, daß Syriens Hauptstadt alles andere als Wüste, vielmehr ein blühender Garten war und ist. Einen weiteren Hinweis auf die Identität von diesem »Damaskus« mit Qumran finden wir bereits in der sogenannten »Damaskus-Schrift«, die nicht nur in Qumran, sondern auch in einer identischen Fassung schon 1896 in der »Geniza« von Fustat in Alt-Kairo gefunden wurde. Dort wird uns erzählt, daß ein »Lehrer der Gerechtigkeit«, wie einst Moses, die Glaubensbrüder »nach Damaskus in der Wüste« führen würde, um dort einen »Neuen Bund mit Gott« zu schließen. Dieser »Neue Bund« ist ein weiteres Bindeglied zwischen dem Propheten Jeremia (Kapitel 31), der Damaskus-Schrift, und der »Gemeinderegel« von Qumran – aber auch dem Neuen Testament.

b) Paulus erlebte keine »Bekehrung« auf dem Wege nach Damaskus
Der griechische Originaltext im Neuen Testament erzählt uns vielmehr ganz eindeutig von einer Berufungsvision, und zwar zum Apostolat für Jesus, seinen jüdischen Messias. Von wo und wohin hätte er sich denn bekehren sollen? Das Christentum als solches entstand bekanntlich erst viele Jahre nach Paulus' Tod.

c) Paulus ging nicht nach »Arabien«
Nein! Mit an Sicherheit grenzender Wahrscheinlichkeit ging er in die *Araba*, was er zu »Arabia« gräzisierte. (Derartige sprachliche Adaptionen finden wir des öfteren in seinen Briefen.) »Araba« ist bis heute der Name der Steppe westlich vom Toten Meer, wo auch Qumran liegt. Diese Araba war seit den Zeiten des Propheten Jesaia (achtes Jahrhundert vor unserer Zeitrechnung) als heilsträchtiger Ort bekannt. Paulus berichtet in seinem Brief an die Galater weiterhin, daß er von besagtem »Arabien« aus dann »wiederum nach Damaskus« ging, wegen der geographischen Nähe der beiden Orte – was nochmals auf die Identität von »Damaskus« und Qumran hinweist. (Siehe auch S. 118ff. »Damaskus in der Wüste?« und »Arabien« am Toten Meer?«)

d) Paulus wollte kein Christentum gründen
Sein Anliegen war die Anbahnung einer Art von Reform-Judentum für die sogenannten »Gottesfürchtigen« im Mittelmeerraum. Es handelt sich um Heiden, die schon unterwegs zum Mono-Theismus waren, zu denen sich auch ehemalige Poly-Theisten gesellten. Paulus wollte ihnen allen ein im wesentlichen auf der Ethik der Propheten beruhendes Judentum vermitteln *mit Jesus als Messias*. Dessen ungeachtet war seine Botschaft sehr kompliziert und häufig widersprüchlich. Es wird ja schon im 2. Petrusbrief des Neuen Testaments geklagt, daß »vieles in (Pauli) Briefen schwer zu verstehen ist«. Die Zerstörung Jerusalems im Jahre 70 machte jedenfalls einen dicken Strich durch seine Rechnung – und was dann kam, war die Kirche.

Ja, die Rollen von Qumran! Aufregend und umwerfend sind ihre Aussagen allemal. Unüberhörbar bestätigen sie die profunde Verwurzelung der Kirche im Judentum – eine Verwandtschaft, die so viele selbsternannte christliche Entjuder Jesu so lange und mit so viel Leidenschaft unter den theologischen Teppich zu kehren bestrebt waren.

Lassen Sie uns nun einige typische Qumran-Lehren erörtern, die zur Absonderung vom Tempel-bezogenen Judentum in Jerusalem führen mußten:

Zunächst: Warum wurde Qumran überhaupt um ca. 180 v. Chr. gegründet? Aufgrund einer Prophezeiung Ezechiels (4,4–5), in der von 390 Jahren der Züchtigung Israels die Rede ist, erwarteten gewisse Kreise in Jerusalem, daß nach Ablauf dieser Frist die messianische Zeit anbrechen würde. Wie bekannt, wurde Jerusalem im Jahre 586 vor der Zeitrechnung von Nebukadnezar zerstört. Nach obiger apokalyptischer Berechnung hätte die Heilszeit circa um 180 v. Chr. ihren Anfang nehmen sollen – genau der Zeitpunkt also, an dem Qumran gegründet wurde, um die Erlösung am bewährten Heilsort – der Wüste – erwarten zu können.

Was war der schwerwiegende Zankapfel zwischen Jerusalem und Qumran? Der Kalender! Während in Jerusalem der Mondkalender galt, richteten sich die Qumraner nach dem Sonnenkalener, der um 10–11 Tage jährlich länger war. Ihre Begründung war, daß in der Schöpfungsgeschichte die Sonne am 4. Wochentage erschaffen wurde, den sie deshalb zum ersten Wochentag erhoben. Wegen dieser ihrer Auslegung war die Gemeinsamkeit der Feste und Sabbathe mit dem Volke insgesamt zerrissen. Die Empörung der Priesterschaft in der Hauptstadt kann man sich leicht vorstellen.

Aus dem Habakuk-Kommentar von Qumran erfahren wir von einer Delegation der Priester, deren Anführer am Toten Meer als »Frevel-Priester« bezeichnet wurde. Der Zweck dieses Besuches war offensichtlich der Versuch einer gewaltsamen Wider-Einführung des gängigen Mondkalenders. »Der Lehrer der Gerechtigkeit«, als der uns der Leiter von Qumran vorgestellt wird, leistet Widerstand und weiß das Ansinnen zu verhindern. Die Kluft wird aber immer breiter, und er selbst hat schwer unter den Folgen zu leiden. Qumran muß ein gewaltiges Ärgernis für die Mehrheit gewesen sein – die ja, wie bekannt, keineswegs all-einig war: Schließlich mangelte es nicht an Kontroversen zwischen Sadduzäern, Pharisäern, Zeloten und anderen Splitterparteien in Jerusalem – die aber kein Schisma bewirkten.

Ein nicht weniger gewichtiger Stein des Anstoßes war die Messias-Frage. Im normativen Judentum wurde und wird, wie bekannt, ein Nachfahre Davids aus dem Stamme Juda als Erlöser erwartet. In Qumran jedoch erwartete man gleich zwei Messiasse, und zwar einen aus dem Hause Juda – also einen Königsmessias – und zugleich einen priesterlichen aus dem Hause Aron, der dem Judäischen übergeordnet sein würde. Diese Priorität scheint sich aus der Zugehörigkeit der Qumran-Gründer zu sadduzäischen Priesterfamilien zu ergeben. Oder waren es gar Ansätze einer Trennung zwischen Thron und Altar?

Hinweise auf ein Leiden des Messias gibt es auch in Qumran, aber nur auf den judäischen Gesalbten bezogen. Im späteren Talmud finden wir übrigens ebenso Spuren einer Zwei-Messias-Hoffnung. Hier jedoch handelt es sich um einen davidischen Königsmessias und einen »Sohn Josefs«, der jedoch zu leiden hat und, vor Anbruch der Heilszeit, umkommen würde. Dieser »Sohn Josefs« mag auf Ephraim hinweisen, was für das biblische Nordreich Israel steht, das bereits anno 722 v. Chr. untergegangen war. Spannend war allemal, vom Anfang der Geschichte an, der Wettstreit zwischen Juda, dem Sohn der Lea – und Josef, dem Sohn der von Jakob so geliebten Rachel. Beide Söhne werden von Jakob reich gesegnet. Die angekündigten Leiden und das Sterben des »Sohnes Josefs« mögen so manchen Angehörigen der Urgemeinde nachdenklich gestimmt haben. Ob hier eine Wurzel des Messiasanspruchs Jesu zu finden ist, bleibt eine offene Frage. Ein heilsbringender Vorbote, der Prophet Elia, spielte in der qumranischen, aber auch in der Jerusalemer Heilserwartung eine wichtige Rolle.

Zurück zu unseren Essenern und anderen Qumranisten. Wir erfahren über sie so manche Einzelheiten bei Josephus Flavius

(75 n. Chr.) und bei Philo von Alexandrien (um 50 n. Chr.). Ihnen gemäß waren es zurückgezogene Einsiedler und Heilsfanatiker, die den einzigen richtigen Weg zum Heil gepachtet zu haben wähnten. Die Taufe gehörte zu ihrem täglichen Ritus. Wer weiß, ob nicht auch Johannes der Täufer zumindest zeitweilig einer der Ihren war? Die Taufstelle am Jordan liegt jedenfalls in Gehweite von Qumran – und die Taufe war und ist ein urjüdisches Ritual. Im Unterschied zum Christentum handelt es sich aber um eine Selbst-Taufe – als symbolischer Vollzug einer schon getanen Buße. Hier wird auf den Propheten Jesaia Bezug genommen, der bereits von der symbolischen Läuterungskraft des »lebendigen Wassers« schwärmt. Die Selbst-Taufe war und ist auch ein Teil der Riten beim Übertritt zum Judentum.

Über ähnliche Verquickungen zwischen Qumran und Christentum wäre noch vieles zu berichten. So zum Beispiel enthält eine Kupferrolle, die in Höhle Drei gefunden wurde, detaillierte Angaben über einen großen, wertvollen Schatz. Der Raum für Deutungen und Spekulationen scheint hier grenzenlos zu sein: Handelt es sich etwa um eine Bestandsaufnahme des weltberühmten Tempelschatzes von Jerusalem – von dem entlaufene Priestersöhne Kenntnis gehabt haben dürften? Oder aber war es der vergrabene Schatz einer reichen Priesterfamilie – ein Gerücht, das im heutigen Jerusalem schon manchen Schatzjäger auf die Suche nach der Grabstätte des Hohepriesters Zadok gelockt hat? Wieder andere sehen in der Schatzliste einen Entwurf für das Himmlische Jerusalem, wie es in all seiner Pracht dereinst auf diese Erde zurückkehren werde – wie es schon der Prophet Jesaia und auch die Apokalypse des Johannes geweissagt haben.

Der Einfluß von Qumran reicht sogar in den Engelchor der Weihnachtsperikope hinein: Bis zur Entschlüsselung der Qumran-Rollen pflegten die Engel in den deutschen Übersetzungen des Lukasevangeliums in dreierlei Varianten zu singen:
1. »Ehre sei Gott in der Höhe und Friede auf Erden und *den Menschen ein Wohlgefallen*«. Oder:
2. ... »*und Friede sei den Menschen guten Willens*«. oder:

3. ... »*und Frieden allen Menschen auf Erden*«. Was haben die Rollenfunde daran geändert?
   a) In der Katholischen Einheits-Übersetzung von 1980 heißt es nun: »Friede sei den Menschen *Seiner* Gnade« – und:
   b) In der Luther-Übersetzung von 1984 singen dieselben Engel nun: »Friede sei den Menschen *Seines* Wohlgefallens«.

Zu diesen wesentlichen Korrekturen entschlossen sich die Übersetzungskommissionen auf Grund der qumranischen Hymnen-Rolle (Hodayot), in der wir von Lobgesängen zuhauf erfahren. Friede wurde aber dort nur jenen verheißen – und so auch neuerdings in Deutschland – die Gott-gefällig handeln und leben. Ausgeschlossen waren und sind also damals z. B. die Römer und in unserem Jahrhundert etwa die Nazis. So kann man auch mittels Engelschören politische Einblicke gewinnen.

Zusammenfassend läßt sich feststellen, daß in der Bibliothek von Qumran generell drei Arten von Schriften gefunden wurden:

1. Texte der Hebräischen Bibel (Altes Testament), oft in mehreren Varianten, die zumeist mit den bekannten masoretischen Texten übereinstimmen – mit seltenen Ausnahmen von interessanten, jedoch geringfügigen Abweichungen, die gelegentlich von der Septuaginta herrühren dürften.

2. Apokryphe jüdische Bibeltexte, die im jüdischen Kanon nicht enthalten sind, da ihr hebräisches Original bei der Kanonisierung bereits abhanden gekommen war.

3. Qumran-eigene Schriften, wie zum Beispiel: Die Gemeinde-Regel, die Damaskus-Schrift, die Kriegs-, die Tempel- und die Kupfer-Rollen. Ebenso eine Fülle von Kommentaren und Auslegungen zu Büchern der Hebräischen Bibel, wie etwa: zu Habakuk, Micha und Zephania.

Die Geschichte von Qumran erstreckt sich über 250 Jahre, und seine Männer entstammten, wie gesagt, im wesentlichen dreierlei Herkünften: aufmüpfige Priestersöhne, flüchtende Zeloten und überzeugte Essener. Die Siedlung beheimatete zu keiner Zeit mehr als tausend Bewohner. Sie galten überwiegend als besonders friedfertig, zölibatär und welt-entsagend. Und dennoch finden wir in ihrer »Kriegsrolle« auch andere Töne: Ein endzeitlicher Heilskrieg stehe bevor, so heißt es da mit Nachdruck, auf den es sich zu rüsten gelte, um dem Messias den Weg zu bahnen. Möglicherweise handelt es sich hier um Ansätze eines bewaffneten Widerstandes gegen die Römischen Besatzer, die ja in der Tat im Jahre 68 n. Chr. die Siedlung zerstörten. Oder fußte die militante Kriegsrolle auf apokalyptischen Visionen, wie sie uns vom Buche Daniel bis zur Apokalypse des Johannes bekannt sind? Wer weiß? Sehr auffallend sind in der Kriegsrolle jedenfalls die Schilderungen des Kampfes der »Kinder des Lichtes gegen die Kinder der Finsternis« – Ausdrücke, die uns auch aus dem Neuen Testament geläufig sind. Der schreckliche Krieg von Gog und Magog aus dem Buche Ezechiel hallt ebenfalls wider – so wie wir ihn auch in der Apokalypse des Neuen Testaments vorfinden. Die Kinder des Lichtes haben viel zu erdulden und einen schweren Blutzoll zu leisten – aber Sieger bleiben sie zu guter Letzt.

Vielleicht sind all diese dunklen Stellen und düsteren Visionen ein Grund des weitgehenden Schweigens über Qumran im Talmud. Dort wird uns in der Regel von allerlei Oppositionellen und Minderheitsvoten minutiös berichtet. Qumran scheint aber hart an die Grenzen der gemeinsamen Rituale, Liturgien und Kalenderberechnungen gelangt zu sein.

Ist der Streit der Fachleute um die Veröffentlichung der Schriftrollen (1992) ein Sturm im Wasserglas gewesen? Nein, er war es nicht! Es geht nicht an, daß eine Gruppe von Wissenschaftlern, sei es aus wissenschaftlicher Akribie oder aus klüngelhafter Ambition, der Welt epochemachende Funde vierzig Jahre lang vorenthält! Die Aufregung darüber war berechtigt. Die bisher nicht veröffentlichen Fragmente – Hunderte an der Zahl – stehen in Fotokopien jetzt endlich zur Verfügung. Spannende Einzelheiten stehen noch ins Haus – obwohl umwerfende Enthüllungen kaum mehr zu erwarten sind. Die Fairneß gebietet hier, auch Worte der Anerkennung für die Leistung der Qumran-Entschlüsseler auszudrücken. Es ist ein nervenaufreibendes Puzzle-Spiel, das viel Geduld, mühselige Kleinarbeit, aber auch beachtliche interdisziplinäre Kenntnisse erfordert.

Bis 1997 sollen – laut israelischen Mitteilungen – die letzten

Schriftfragmente ediert und gedruckt werden. Wie dem auch sei, hat es sich noch einmal erwiesen, daß damals die Fixierung des Christentums auf Jesus von Nazareth als den griechisch verstandenen Gottessohn die wesentliche Trennung zwischen Judentum, Qumran und Christentum darstellte. Nie zuvor jedoch kamen die frappanten Gemeinsamkeiten und Affinitäten zwischen den Dreien so klar ans Licht der Sonne wie seit der Entdeckung der Bibliothek von Qumran.

2. Damaskus in der Wüste?

Wie lange Jesus selbst in Qumran war, wie weit er sich essenische Glaubenselemente und Lehren zu eigen gemacht hat, und wo er, andererseits, eher anti-essenisch eingestellt war – all dies gehört zu einer weit-gefächerten Kontroverse, die die Thematik dieses Buches sprengen würde. Unverzichtbar hingegen ist hier die Erörterung der Frage nach den Zusammenhängen zwischen Paulus, Qumran und dem nachjesuanischen Früh-Christentum.

In den Briefen des Paulus findet man nicht nur deutliche Spuren quamranischer Gedankengänge, sondern auch ganze Lehrstücke, die aus dem essenischen Glaubensgut entfaltet worden sind. Die Qumran-Gemeinde hielt sich für »das wahre Israel« (hallt wider in Phil 3,3) und für »die Erwählten Gottes, seit Seiner Gnadenwahl (Gottes)« – die bereits bei der Schöpfung erfolgte (Echo in Eph 1,4). Viele der späteren kirchlichen Lehren der Prädestination, die auf der unverdienbaren Gnade Gottes fußen, entstammen auch essenischen Einflüssen auf paulinische Episteln. Insbesondere die Selbstbezeichnung der Qumraner als »die Söhne des Lichtes« hallt bei Paulus des öfteren wider. (Eph 5,8; Thess 5,5) So finden wir im Römerbrief (9,6–23) ein klassisches Resümee der Lehre von der doppelten Prädestination – zum Verderben oder zur Herrlichkeit – ganz im Sinne der Qumraner, die nicht müde wurden zu betonen, daß der Mensch, ohne die Gnade Gottes, ein erbärmliches Geschöpf sei, der Sünde immer wieder verfallen.

Der Licht-Finsternis-Dualismus, der später im johanneischen Schrifttum eine zentrale Rolle spielt, ist auch für die paulinische Theologie kennzeichnend. »Laßt uns also ablegen die Werke der Finsternis und anziehen die Waffen des Lichtes!« So lautet sein Aufruf an die Römische Gemeinde (Röm 13,12). »Was hat das Licht für Gemeinschaft mit der Finsternis? So warnt er die Korinther (2 Kor 6,14) vor jedwedem Rückfall in den Götzendienst – in Worten, die lebhaft an die Weisung im qumranischen Sekten-Kanon (I QS 3,20–25) erinnern. In der »Kriegsrolle (I QM 17,6) wird »der Fürst des Lichtes«, der von Gott zum Schutzherrn für »die Söhne des Lichtes« bestimmt wurde, als Engel Michael identifiziert. Sein Erzgegner, der als Verkörperung aller bösen Kräfte auftritt, heißt ganz einfach nur »Belial«. (z. B. Sekten-Kanon [I QS 1,18] Kriegsrolle [I QM 17,6].) Dieses Qumranische Synonym für den Teufel kommt im Neuen Testament nur ein einziges Mal vor – in der Scheltrede des Paulus an die Korinther, wo er wettert: »Wie stimmt Christus mit Belial überein; oder was hat der Gläubige mit dem Ungläubigen gemein ...« (2 Kor 6,15f.) Mehr noch! Dieser rätselhafte Abschnitt im 2. Brief an die Korinther, wo es sich um die Gegenüberstellung vom Tempel Gottes und den Götzen, von Gläubigen und Ungläubigen, von Christus und Belial handelt, entpuppt sich, bei näherer Überprüfung, als die Paulinische Bearbeitung eines essenischen Lehrstücks (so z. B. aus der »Kriegsrolle« [I QM 13,5–6]; ferner aus I QS 14,16 etc.) Dies betrifft die ganze Einfügung von 2 Kor 6,14–7,1.

Zu den auffälligen Gemeinsamkeiten zwischen Qumran und Paulus zählen auch Gleichnisse wie »der Tempel Gottes«, »ein heiliges Haus« und »eine Stätte der Wahrheit« als Würdetitel für die jeweilige Gemeinde. (I QS 8,5–10 und 2 Kor 6,16). Das Sünden-und-Verdienst-Register in Gal 5,19–26 hat eine deutliche Parallele im Sektenkanon (I QS 4,2–14). Die Vorliebe für Allegorese und blumige Bildersprache, wie auch zahlreiche andere Analogien und Affinitäten rechtfertigen die Folgerung, daß Paulus einige ergiebige Lehrjahre in Qumran verbracht hat.

Die sogenannte »Damuskus«-Schrift, von der mehrere Exemplare in den Höhlen vier und sechs von Qumran gefunden wurden (die bereits in der Genisah der Karäer-Synagoge in Alt-Kairo (Fustat) anno 1896 entdeckt worden war), erwähnt eine Gruppe von »Torah-treuen Juden« die unter der Führung eines »Lehrers der Gerechtigkeit« – wie einst unter Moses – *in die Wüste*, an einen Ort genannt *Damaskus* geführt wurden, wo sie einen »Neuen Bund« mit Gott schlossen. (CD 4,3; 6,2–11; 6,19) etc. Aus etlichen Textstellen geht klar hervor, daß der darin »Damaskus« genannte Ort *»in der Wüste«*, wie es heißt, unmöglich die Hauptstadt von Syrien sein konnte. Während das essenische »Damaskus« nur auf dem Weg durch die Wüste erreichbar war, wie sowohl die Damaskus-Schrift (CD 6,5) als auch die biblische Belegstelle in 1 Kön 19,15 betont, war das weitentfernte syrische Damaskus zu Paulus' Lebzeiten eine blühende hellenistische Stadt, in der Bibliotheken, Gymnasien und Theater das Kulturleben bereicherten. Von dieser Stadt sagte Resh-Lakisch (ein Talmud-Meister): »Wegen der Schönheit ihrer Umgebung ist sie würdig, den Eingang zum Paradies zu bilden.« (b Er 19,a) Mit welchem Recht hätte übrigens der Hohepriester in Jerusalem wohl »Männer und Frauen in Damaskus festnehmen und gefesselt nach Jerusalem führen lassen« können (Apg 9,1–2)? War doch Damaskus damals im Hoheitsgebiet des Königs Aretas IV. Philodemos, der eifersüchtig auf seine Souveränität wachte und jeden Übergriff auf seinen politischen Kompetenzbereich mit Brachialgewalt zu vereiteln wußte. Dabei konnte er mit der militärischen Unterstützung des römischen Statthalters von Syrien, Flaccus, zu jeder Zeit rechnen.

Im Paulusbuch des katholischen Theologen T. H. Schelkle (Wissenschaftliche Buchgesellschaft, Darmstadt) lesen wir: »Schwerlich konnte der Hohepriester in Jerusalem unmittelbar befehlen, Juden in Damaskus in Fesseln zu legen und so nach Jerusalem zu bringen.« (S. 59) Worauf Schelkle folgert, daß »die Vorstellungen der Apostelgeschichte über die Macht des Hohepriesters nicht zutreffen.« (S. 59f.) Diese Nachricht in der Apostelgeschichte (9,1–2) hält auch Josoph Klausner, der jüdische Jesus-Forscher »für unecht«. (»Von Jesus zu Paulus«, Frankfurt 1980, S. 303)

Damaskus in der Wüste – alias Qumran – hingegen, war zumindest in der Theorie innerhalb der Jurisdiktion von Jerusalem. Ein Textvergleich zwischen verschiedenen Handschriften der *Damaskus*-Schrift, von der – ganz abgesehen von dem Kairoer Fund – weitere acht gut erhaltene Rollen in den Höhlen von Qumran entdeckt wurden, ergibt, daß:
– Der »Neue Bund«, von dem in der Damaskus-Schrift die Rede ist, mit demjenigen in dem »Sekten-Kanon« aus Qumran (I QS 1,16; 24,2 etc.) identisch ist.
– Der »Lehrer der Gerechtigkeit«, der mit »Torah-treuen Juden« von Jerusalem nach »Damaskus in der Wüste« auswanderte, nur Qumran als Reiseziel haben konnte ... wie wir aus der »Damaskus-Schrift« entnehmen (CD 4,5) und auch aus dem »Sekten-Kanon« (I QS 1,16).

Warum aber wurde die Essener-Siedlung am Toten Meer als »Damaskus« getarnt? Schon bei der Gründung der Gemeinschaft von Qumran (um 180 vor der Zeitrechnung) hat der Vers Jes 40,3 Pate gestanden: »Es ist die Stimme eines Rufers: In der Wüste bahnet den Weg Gottes; in der Steppe ebnet *Ihm* eine Bahn!« Bevor wir die Relevanz dieses Verses für die Essener erörtern, sei darauf hingewiesen, daß in den meisten deutschen Bibelübersetzungen diese Worte falsch übersetzt sind, und zwar: »Es ist eine Stimme eines Predigers in der Wüste: bereitet Dem Herrn den Weg und macht eben seine Steige!« Es ist dieselbe Bibelstelle also, die später für Johannes den Täufer so wichtig wurde (Mk 1,3), der sich, wie die Qumraner, als endzeitlicher Wegbereiter Gottes verstanden hat. (Mk 1,1–8) Durch die Wüste war Israel einst in das Land der Verheißung geführt worden. Deshalb erachteten die Leute von Qumran die Wüste am Toten Meer als Heilsort, in dem die messianische Erlösung herbeigebetet und gelebt werden könne.

In diesem Sinne wird auch im Sekten-Kanon (I QS 8,12–14) den Gemeindemitgliedern aufgetragen, sich vom Wohnort der Sünder abzusondern und in die Wüste zu ziehen, um dort den Weg des Herrn zu bereiten – worauf Jes 40,3 zitiert wird. Ihre Flucht in die Wüste galt ihnen also als Verwirklichung der Wüstenvisionen Jesaias (Kapitel 25 und 40), aber auch als unverzichtbare Hinleite für die künftige Erlösung Israels. Sie sahen ihre eigene Sektengeschichte als einen erneuten Ablauf der Geschichte Israels: Vom Exodus über die Wanderjahre in der Wüste bis zur endgültigen Landnahme Kanaans. Ihre Sichtweise der Heilsgeschichte stand also gleichsam unter der Devise: Zurück in die Zukunft!

Hier in der Einöde wartete die Gemeinde »des Neuen Bundes«, wie sie sich nannten (Jer 31,31 und die bereits oben zitierten Stellen im Sekten-Kanon) sehnlich darauf, daß sich die Schlüsselerfahrung der jüdischen Geschichte noch einmal und endgültig für Jerusalem wiederholen möge. Ob der oder die Erlöser in ein erneuertes Jerusalem, mit einem erneuerten Tempel einziehen würden oder in eine noch unvorhandene »Neue Welt«, ist aus den Schriftrollen nicht klar zu entnehmen. Jedenfalls würde die Erlösung bald kommen, oder, wie die Messiaserwartung der Qumran-Gemeinde im Sekten-Kanon (I QS 9,10f.) in einem Satz zusammengefaßt wird: »Sie sollen nach den früheren Gesetzen gerichtet werden, denen sich die Männer der Einung (Ha-Jachad) zu verpflichten begannen, bis daß der Prophet kommt und die Messiasse aus Aron und aus Israel.« Daraus geht eindeutig hervor, daß in Qumran *drei* messianische Heilsbringer erwartet wurden: Zwei Messiasse – und ein Prophet, als Vorbote der beiden Gesalbten.

Diesem Vorläufer und Heilsankündiger hoffte man mit Ungeduld entgegen – und zwar in der Wiederkunft des Propheten Elia, wie es in Maleachi 3,23 verheißen wird. Seine unentbehrliche Aufgabe wird die Versöhnung der Menschen sein, indem er »das Herz der Väter den Söhnen, und das Herz der Söhne den Vätern zuwenden wird«. (Mal 3,24) Er muß also die moralischen Vorbedingungen für das messianische Zeitalter schaffen, indem er die Sünder zur Buße und Umkehr bewegt. Eben diesen endzeitlichen Propheten Elia aber beauftragt Gott, kurz vor dessen Himmelfahrt: »Geh wieder Deines Weges durch die *Wüste von Damaskus*, und salbe Hasael zum König über Aram; Jehu zum König über Israel und Elischa zum Propheten an Deiner Statt!« (1 Kön 19,15–16)

Überall, wo in der Hebräischen Bibel von Damaskus die

Rede ist (z. B. Gen 14,15; Gen 15,2; Jes 8,4 etc.) spricht die Schrift von der Stadt oder dem Land Damaskus – außer in obiger Stelle, wo es sich um »die Wüste von Damaskus« handelt. Wobei »die Wüste« des Exodus und des Jesaia (40,3) immer wieder mitschwingen und als Leitmotiv der Qumraner gelten kann. So mag also der zu durchschreitende »Weg durch die Wüste« und die darauf folgende Salbung eines Propheten und zweier Könige (wobei im Judentum der Messias immer als König angesprochen wird) die Qumraner wie eine himmlische Präfiguration ihrer eigenen Wüstenei und ihrer Drei-Ämter-Messianologie angesprochen haben.

Den Leuten von Qumran ging es dabei natürlich weniger um Hasael und Jehu, zwei ferne nördliche Könige, als um ihre dringenden, eigenen Heilshoffnungen. Der Gründe genug also für die mystisch veranlagten Endzeit-Bedränger am Toten Meer, ihre Siedlung symbolisch und zuversichtlich »Damaskus« als theologischer Schlüsselname zu benennen, wie wir der »Damaskus-Schrift« entnehmen. So war also das Reiseziel des Paulus, zu dem er bei seiner Berufungs-Vision unterwegs war, und wo er dann »*drei Jahre lang*« weilte (Gal 1,17–18) *nicht* die syrische Hauptstadt Damaskus, sondern die Wüstensiedlung am Toten Meer, die heute als Qumran bekannt ist.

3. »Arabien« am Toten Meer?

Über all seine vielen Missionsreisen überliefert uns Paulus oder die Apostelgeschichte Beschreibungen seiner Zielorte und Briefe oder Predigten an deren Bewohner. Es macht den Leser stutzig, daß das im Falle seiner Reise nach »Arabien« keineswegs so geschieht. In Gal 1,17 lesen wir: »Ich ging auch nicht hinauf nach Jerusalem zu denen, die vor mir Apostel waren, sondern zog hin *nach Arabien und kam wiederum nach Damaskus*«. Ganz abgesehen von der enormen Distanz zwischen dem syrischen Damaskus und den damaligen Oasen der Arabischen Halbinsel, war dieses Gebiet wohl kaum von besonderer theologischer Relevanz für den Apostel. Andererseits nennen sich die Qumran-Leute des öfteren in ihren Schriften »die Aussiedler der Steppe« und »die Männer der Einöde« (Kriegsrolle I QM II,2 und Sekten-Kanon I QS VIII,14). Diese *Steppe* heißt im hebräischen Original *Araba* – sowohl bei Jesaia als auch in Dt 3,17 und Jos 12,3 (und anderen Bibelstellen), wo sogar das Tote Meer als »das Meer der *Araba*« beschrieben wird.

Wie schon gesagt, bezieht sich auch Qumrans theologischer Leitspruch aus Jes 40,3 im hebräischen Original ausdrücklich auf das Ebnen einer Bahn für Gott in eben dieser *Araba*. Es gibt öfters bei Paulus Stellen, wo er in Ermangelung eines passenden griechischen Ausdrucks hebräische Topoi gräzisiert. Zum Beispiel *Arrabon* als Unterpfand oder Vorausgabe (in 2 Kor 1,22 und in Eph 1,14). Das hebräische Wort *Arrabon* erscheint ohne Kommentar oder Übersetzung im griechischen Originaltext des Apostels. Es ist daher höchstwahrscheinlich, daß Paulus, angesichts des zentralen Stellenwertes der *Araba* in Qumran und der Häufigkeit ihrer Erwähnung in der Bibel, den Begriff ohne Übersetzung oder Erklärung zur *Arabia* gräzisiert hat. Von der *Araba* aus – alias Arabien – war es ihm dann auch ein Leichtes, »wiederum zurück nach (dem naheliegenden) Damaskus zu kommen«, was Qumran bedeutet. (Gal 1,17) Dies wäre der dritte Pfeiler in unserer Beweisführung von der Identität des qumranischen und des Paulinischen »Damaskus« mit Qumran.

4. Was geschah vor Damaskus in der Wüste?

Die Erfahrung des Paulus auf der Straße nach »Damaskus« wird in der christlichen Theologie als seine »Bekehrung« bezeichnet. Wir haben drei verschiedene Berichte darüber in der Apostelgeschichte (9,1–19; 22,4–16; 26,9–19) sowie eine kurze autobiographische Notiz von Paulus selbst (Gal 1,11–17). Zu welcher Religion hätte er sich denn bekehren sollen, da sein Messias Jude war und zeitlebens geblieben ist? Das Christentum gab es ja zu jenem Zeitpunkt noch nicht. Die Akzeptanz Jesu von Nazareth als Messias war ursprünglich – ohne die spätere griechische Gottessohnschaft – eine innerjüdische Kontroverse. Der Begriff »Bekehrung« *(epistrophe)* kommt überhaupt nur ein einziges Mal im Neuen Testament vor – und zwar in Apg 15,3, wo derselbe Paulus, ganz im rabbinischen Sinne des Wortes, von der »Bekehrung der Heiden« zum Gott Israels erzählt – wie es auch die Propheten zu tun pflegten.

Wenn man die vier Berichte im Rahmen seiner gesamten Missionstätigkeit unter die Lupe nimmt, entdeckt man eine klare Kontinuität zwischen dem »zuvor« und dem »danach«. Von einem Übertritt oder einem Religionswechsel ist keine Spur zu finden; wohl aber von der Beauftragung Pauli, den Heiden, als jüdischer Sendling, die Botschaft vom Gott Israels und die Kunde vom jüdischen Messias Jesus zu überbringen. Immer wieder zeigt die Redeweise und die Wortwahl des Paulus und des Lukas in der Apostelgeschichte, daß beiden die prophetischen Berufungsvisionen des Jesaia, Jeremia und Ezechiels vorschwebten, die ihnen als literarische Vorlagen dienten. Paulus ist sich bewußt, daß der an ihn ergangene Auftrag keine Widerrede duldet: »Wenn ich das Evangelium verkünde, so ist das für mich kein Ruhm; denn ein Zwang liegt ja auf mir. Und wehe mir, wenn ich es nicht verkünde!« (I Kor 9,16).

Das Künderamt liegt auf ihm wie eine schwere Last, derer er sich nicht zu entledigen wagt. Oft merkt man, daß ihn die »Frohbotschaft« in Selbstwidersprüche, Paradoxien und Inkonsequenzen verstrickt, doch künden, mahnen und predigen muß er, wie es das Schicksal aller Propheten war – um nicht sein seelisches Gleichgewicht zu verlieren. Was also geschah ihm vor »Damaskus« (also vor Qumran)? Eine Berufungsvision zum Apostolat seines jüdischen Messias Jesus war es, unter deren Wucht er sich zunächst »drei Jahre lang zurückzog« (Gal 1,17,18) und zwar nach »Damaskus in der Wüste«.

Ob er dies aus akuter Naherwartung tat, oder aus gesundheitlichen Gründen, muß eine offene Frage bleiben. An Hinweisen und Andeutungen auf eine Krankheit fehlt es in seinen Briefen nicht: Er erblindete zeitweilig nach der Vision (Apg 9,3–6): er fiel auf die Erde (Apg 9,8), mußte an der Hand geleitet werden und war für einige Zeit pflegebedürftig

(Apg 9,9). In Kor 12,7 spricht er von »einem Stachel in seinem Fleische«, den er »einen Boten des Satans« benennt. Nach Meinung namhafter Mediziner könnte er an Epilepsie gelitten haben – was bekanntlich auch eine Ursache seiner negativen Einstellung zu Frauen sein könnte. Wie dem auch sei, die Geistesgröße dieses Mannes würde eine Erkrankung nicht gemindert haben. Das gilt auch für andere Koryphäen der Weltgeschichte, die an Epilepsie gelitten haben, wie z. B. Julius Caesar, Napoleon Bonaparte, Dostojewski und andere mehr.

Erst nach besagten drei Jahren ging er »hinauf nach Jerusalem, um Kephas kennenzulernen und blieb fünfzehn Tage bei ihm« (Gal 1,18). Hier beginnen sich bereits die Wege der beiden Juden, aber auch die der Urgemeinde und der späteren Heidenkirche zu trennen – denn von da an geht Paulus in die Heidenwelt. Es gärt zwischen ihnen zunehmend, aber zum offenen Bruch kommt es erst nach dem Apostelkonzil.

IX. Prolog für übermorgen: Unterwegs zu einer Theologie des Dialogs

Die messianische Vision hatte Paulus ergriffen. Als Jude, der er zeitlebens geblieben ist, der aber in Konflikt mit der Urgemeinde in Jerusalem geraten war, reifte in ihm der Entschluß, die Botschaft in alle Welt hinauszutragen. Seine Berufung auf dem Weg nach Qumran erwies sich als eine Schicksalsstunde des Abendlandes. Wie oft wurde er nicht seit damals mißverstanden, verfälscht und fehlgedeutet – von Christen und von Juden auch.

Nach zweitausend Jahren stehen wir am Scheideweg: Entweder wir stolpern weiter über die alten, aufgehäuften Steine und Halden von selbstgebastelten Pseudo-Paulinismen – oder aber wir vollziehen eine Rückbesinnung auf das Dreigestirn des biblischen Ethos: *Das Gute Tun, Recht schaffen, Unterdrückten helfen,* wie es schon der Prophet Jesaia (1,17) so trefflich zum Ausdruck bringt. Die Bibel empfiehlt uns eine Theologie des Dialogs. An seinem Du findet jedes Ich sein eigenes Wesen, aber auch die Gemeinschaft – unter Gott –, die für ein erfülltes Leben unentbehrlich ist. Seit dem Auseinandergehen der Wege der Christen und Juden kam es allzu häufig zu einem *Gegeneinander*; sehr selten zu einem friedlichen *Nebeneinander* – aber leider noch nie zu einem kreativen *Miteinander*. Was not tut, wäre, von den Erzübeln und Gefahrenherden der interreligiösen Beziehungen Abstand zu nehmen, die da sind:
– Elitäre Absolutheitsansprüche
– Alleinseligmachende Wege zum Heil
– Aufgedrängte Missionierung Andersgläubiger in Wort und Tat.

Dies wäre ein ökumenischer Einstieg in eine neue *Theologie des Dialogs*, wobei wir alle von den Licht- und Schattenseiten des Paulus Vorbildliches aber auch Abschreckendes lernen könnten.

In seinem Enthusiasmus hat Paulus leider des öfteren über

das Ziel hinausgeschossen. All seine in der Hitze der Wortgefechte geschleuderten Zornesworte und Entgleisungen wurden in den Kirchen kanonisiert und für immer verabsolutiert. An eine tragische Wirkungsgeschichte seiner Worte für seine jüdischen Brüder und Schwestern scheint Paulus aber bei seinen allzu menschlichen Wutausbrüchen kaum gedacht zu haben.

Heute, nach 2000jährigen Irrwegen und Holzwegen in den christlich-jüdischen Beziehungen, stünde es seinen Nachfolgern und Epigonen in den Kirchen gut an, ein wichtiges Pauluswort zu Herzen zu nehmen: »Prüfet alles – und das Gute behaltet!« (1 Thess 5,21) Ohne jedweden Synkretismus gilt es, in unserer glaubensarmen Gesellschaft nicht immer wieder alte Glaubensfehden in Schaukämpfen vorzuexerzieren, sondern sich endlich auf die biblischen Gemeinsamkeiten zu besinnen.

Sind denn Übersetzungsfehler in deutschen Bibelausgaben heilig? Feindbilder und Vorurteile sollten abgebaut und sinnentstellende Übersetzungsfehler korrigiert werden. Es kann und darf den heutigen Gläubigen – mündige Bürger, die sie sind – zugemutet werden, zwischen legitimen Glaubensgrenzen und unnötigen, von Menschen aufgeschütteten Gräben zu unterscheiden. Von theologischer Selbstaufgabe und religiösem Substanzverlust kann hier nicht die Rede sein. Aus dem 18. Jahrhundert wird der Stoßseufzer eines chassidischen Rabbis überliefert, der in einer Stunde christlicher Judenverfolgungen zum Himmel aufschrie: »Himmlischer Vater, wenn es aus Deinen unergründlichen Absichten noch nicht an der Zeit ist, aus Deinen Juden biblische Idealgestalten zu machen, erwirke doch bitte, das Deine Christen alsbald zu besseren Christen werden!«

In diesem Sinne erwarten wir alle die Erlösung für diese geschundene Welt. Ob der Messias schon einmal da war – oder nicht, bleibt eine offene Frage – bis der Messias kommt. Wenn wir, Christen und Juden, in unserem gemeinsamen Boot namens Erde, nicht bald aufhören, Hallelujah *gegeneinander* zu singen, könnten wir alle *miteinander* untergehen – was Gott verhüten möge.